Bitte recht höflich!

P. M. Forni

Bitte recht höflich!

25 Regeln, die Ihr Leben verändern

Aus dem Amerikanischen
von Sabine Dörlemann

Scherz

www.scherzverlag.de

Die Originalausgabe erschien unter dem Titel
«Choosing Civility»
bei St. Martin's Press, New York.

Erste Auflage 2002

ISBN 3-502-14206-8

Inhalt

Vorwort

Meine Zielsetzungen für dieses Buch sind, Höflichkeit als ein zentrales Anliegen in unserem Leben zu postulieren und die 25 Grundregeln der Höflichkeit in unseren Zeiten darzulegen und zu erörtern. Ich schließe dabei alles ein, was ich für wesentlich halte, nicht in Form philosophischer Überlegungen zur Höflichkeit, sondern als Verhaltenskodex für den täglichen Gebrauch. Dies ist ein Handbuch zur praktischen Anwendung von Höflichkeit im Alltag.

Was ist Höflichkeit? Was bedeutet es heute, am Anfang des 21. Jahrhunderts, höflich zu sein? Stirbt Höflichkeit aus? Wie machen wir sie zu einem Teil dessen, was wir sind? Welches sind die grundlegenden Regeln der Höflichkeit? Kann Höflichkeit unsere Lebensqualität verbessern? Wie wenden wir sie im Freundeskreis, am Arbeitsplatz und unter Fremden an? Hat sie auch Nachteile? Sollten wir *immer* höflich sein? Wie gehen wir mit Unhöflichkeit um? Diese Fragen soll das vorliegende Buch beantworten.

Dass Höflichkeit grundlegend für ein gutes, erfolgreiches und heiteres Leben ist, war für mich die bedeutendste Entdeckung der letzten Jahre. Darüber zu sprechen ist sowohl Privileg als auch schwerwiegende Verantwortung. Und es ist ein kühner Schritt. Ich möchte nicht für unhöflich gehalten werden, weil ich mir anmaße, Höflichkeit zu lehren. Meine Botschaft lautet nicht, dass ich selbst ein tadellos höflicher Mensch bin, sondern dass Höflichkeit ein äußerst wirksames Mittel ist, unsere Lebensqualität zu verbessern. Cicero äußerte seine Sorge darüber, dass seine Leser eine Diskrepanz zwischen seinen hochfliegenden Lehren und seinem weniger vollkommenen Benehmen sehen könnten. Worauf er antwortete, dass er über die Tugend schreibe und nicht über sich selbst und dass er von allen Lastern zu allererst seine eigenen verdamme. Obwohl ich versuche zu praktizieren, was ich predige, ist mein Benehmen – wie jenes Ciceros – weit davon entfernt, vollkommen zu sein. Ich bleibe der fehlerhafte Bote, der eine gute Botschaft überbringt. Während ich dieses Buch schrieb, fühlte ich mich keinesfalls überlegen. Ich wollte einfach nur teilen, was ich als spannende Einsicht erkannt habe.

Die Lektüre dieses Buches wird für viele meiner Leser keine unbekannte Übung sein. Sie bestätigt unsere Verpflichtung den Werten gegenüber, die uns teuer sind, und ermutigt uns, die Kunde zu verbreiten. So gesehen ist die Besinnung auf das, was wir wissen, ebenso wichtig wie das Nachdenken über neue Perspektiven. Ich vertraue jedoch darauf, dass Ihnen diese Seiten den Reiz neuer Entdeckungen bieten werden. Ich habe beim Schreiben viel gelernt und weiß, dass ich nicht mehr der gleiche Mensch bin wie damals, als ich anfing. Dafür und für Ihre Bereitschaft zuzuhören, bin ich dankbar.

Manchmal lesen wir, um nachzudenken, und manchmal gerade, um dies zu vermeiden. Die zweite Art des Lesens unterhält uns, aber bringt uns – wie eine Karussellfahrt – normalerweise schnell an den Ausgangspunkt zurück. Sie fordert uns nicht heraus und bringt uns nicht weiter. Die erste Art des Lesens dagegen birgt Arbeit und fördert die eigene Entwicklung. Für mein Buch stelle ich mir Leser vor, die arbeiten wollen und offen für Veränderungen sind. Wenn wir durch ein Haus gehen, das wir kaufen möchten, wollen wir es bis in alle Einzelheiten kennen lernen und lassen uns Zeit, seine Atmosphäre aufzunehmen. Wir fahren mit den Fingern über Ornamente, berühren Wände und Geländer und kehren in unser Lieblingszimmer zurück, um dort zu verweilen. Ich hoffe, dass meine Leser durch dieses Buch wie durch ein solch viel versprechendes Haus gehen werden.

Ich bitte Sie eindringlich, langsam zu lesen. Lassen Sie die Seiten nicht nur in Ihrer Vorstellung lebendig werden, sondern verinnerlichen Sie die Erfahrung von Leben, die sie Ihnen geben. Für mich ist der ideale Leser der Leser, wie ihn die Renaissancemaler porträtiert haben: den Finger im geschlossenen Buch, um die Stelle zu bezeichnen, die sie oder ihn verweilen, meditieren und manchmal das Leben in neuem, verändertem Licht sehen lässt. Während ich diese Seiten verlasse, stelle ich sie mir in den Händen eines solchen Lesers vor in der Hoffnung, dass sie dieses Privileg verdienen.

TEIL I

Leben und Beziehungen

Wo immer ein Mensch ist, bietet sich eine Gelegenheit, freundlich zu sein.

Lucius Annaeus Seneca

Die Liebe ist langmütig und freundlich; die Liebe eifert nicht, die Liebe treibt nicht Mutwillen, sie blähet sich nicht.

Paulus von Tarsus

Drei Dinge sind im menschlichen Leben wichtig: das erste ist, freundlich zu sein, das zweite ist, freundlich zu sein, und das dritte ist, freundlich zu sein.

Henry James

Gegen Ende des Jahrhunderts treiben wir nun durch ein Zeitalter ohne Helden. Wir haben keine Anführer, denen wir trauen, keine Visionen, an die wir glauben, und keinen Glauben, der uns trägt. Wir alle verfügen über eigene proteische Moralvorstellungen, die wir – jeder für sich – nach unseren eigenen egoistischen Bedürfnissen immer wieder neu modellieren. Wir wagen nicht, zu weit in die Zukunft zu planen, und können auch nicht sehr weit sehen. Hier sind wir nun, Gefangene der Jahreszeit, die wir gerade ertragen und deren Wetter wir aussitzen, während wir betäubt und hilflos in die sengende Sonne starren oder wie Idioten rennen, um es nach Hause zu schaffen, bevor es richtig anfängt zu regnen, der ausgetrocknete Fluss überflutet und die Hügel ins Tal stürzen. Woher nehmen wir nur den Mut, das Richtige zu tun?[1]

Ich stieß auf diese Passage des Romanschriftstellers Peter Gadol, als alle im Begriff waren, die Jahrhundertwende und den Beginn des neuen Jahrtausends zu feiern. Es ist die treffende Beschreibung eines Unbehagens, das uns allen in größerem oder geringerem Ausmaß bekannt ist. Gadols Worte fanden bei mir besondere Resonanz aufgrund meiner Beteiligung am Studienprojekt zur Höflichkeit der Johns-Hopkins-Universität. Es umfasst eine Fülle von akademischen und darüber hinausgreifenden Aktivitäten, die sich darauf richten, die Bedeutung von Höflichkeit und gutem Benehmen in der heutigen Gesellschaft zu bestimmen. Während der Arbeit an diesem Projekt machte ich mir Gedanken über den allgemein festzustellenden Niedergang der Qualität menschlicher Beziehungen – die so genannten Verrohung Amerikas.

Gadols Worte am Ende des 20. Jahrhunderts gelten auch für den Beginn unseres neuen Jahrhunderts. Die beständige Unsicherheit über unsere Identität und unsere Zukunft scheint manchmal unsere einzige Sicherheit zu sein. Althergebrachte Werte erscheinen überholt; aber sich darauf zu einigen, wie die neuen aussehen sollen, ist eine entmutigende Aufgabe. Kurz gesagt, wir wissen nicht, wo wir suchen sollen, um neue Maßstäbe zu finden, an denen wir unsere Bemühungen, gute Bürger dieser Welt zu sein, messen könnten. Und überhaupt wird das Konzept von Maßstäben immer problematischer.

Dennoch ist es aus prinzipiellen Überlegungen heraus wichtig, zu einigen Dingen Ja und zu anderen Nein zu sagen. Wir müssen immer noch an etwas glauben können, das uns jeden Tag unsere lebenswichtige Dosis an Bedeutung und Motivation gibt. Während wir uns mit der Komplexität unserer Zeit herumschlagen müssen, schlage ich vor, dass wir uns in diesem Buch auf ein Prinzip einigen: Das wesentlich Maßgebende für den Erfolg im Leben ist die Art, wie wir an jedem Tag unseres Lebens miteinander umgehen.

> Denn es [das gute Benehmen] muss von einem guten Herzen inspiriert sein. Aussehen, Gestalt und Benehmen lassen sich nicht mehr verschönern als durch den Wunsch, Freude, nicht Schmerz zu verbreiten.
>
> *Ralph Waldo Emerson*

Wenn wir unseren Mitmenschen die Last des Lebens erleichtern, tun wir Gutes, wenn wir zum Elend der Welt beitragen, nicht. Für mich ist dies eine einfache praktische Philosophie, die Sinn macht und mir richtig scheint. Wie lässt sich die Aufgabe, das Leben tagein, tagaus zu meistern, mit dieser Vorgabe in Einklang bringen? Ich schlage vor, dass wir uns als Gesellschaft insgesamt diesen Verhaltenskodex, der auf Respekt, Selbstbeherrschung und Verantwortung gründet und den wir Höflichkeit nennen, wieder genauer unter die Lupe nehmen.

M. Scott Peck beginnt seinen weisen Führer zu einem überlegten, anständigen und liebevollen Leben mit einer äußerst einfachen und klaren Feststellung. «Das Leben ist schwierig»[2], lautet die zugrunde liegende Wahrheit seiner

Arbeit, und er verbindet sie mit der Erkenntnis «Das Leben ist Leiden», einer der Vier Edlen Wahrheiten, die Buddha gelehrt hat. Natürlich tauchen durch die Jahrhunderte unzählige Versionen dieser Wahrheit in der Weisheitsliteratur auf. «Das Leben ist schwierig.» Ich mag die Einfachheit dieser Äußerung. Wir alle können aus den grundlegenden Wahrheiten, direkt und einfach geäußert, unseren Nutzen ziehen. In der gehetzten Verwirrung unserer Tage verlieren wir leicht den Blick für grundlegende Wahrheiten. Wenn wir es nicht schaffen, sie zu einem Teil unseres täglichen Denkens werden zu lassen, sind wir nicht mehr in der Lage, sie klar zu erkennen und wirkungsvoll umzusetzen. Und so stolpern wir durchs Leben in einer Wolke von Staub, den unsere eigenen fehlgeleiteten Schritte aufgewirbelt haben.

Wenn wir es schaffen, eine grundlegende Wahrheit zu erkennen, löst dies manchmal aus, dass wir auch darauf reagieren und dadurch vermögen, unser Leben radikal und dauerhaft zu ändern. Größe liegt nicht nur in der Wahrheit selbst, sondern in dem, was wir daraus machen. «Sobald wir ernsthaft wissen, dass das Leben schwierig ist – es wirklich verstehen und akzeptieren –, ist es nicht länger schwierig»[3], sagt M. Scott Peck. Nun, vielleicht erreichen wir Stärke und Weisheit, vielleicht aber auch nicht. Jedoch kann jeder von uns Wege finden, effektiv mit Schwierigkeiten fertig zu werden.

In allen Ratgebern und Selbsthilfebüchern finden wir die Wahrheit, dass das Leben schwierig ist. Millionen von Seiten wären nicht geschrieben worden, wenn dem nicht so wäre und wir nicht Hilfe benötigten, um den Anforderungen des Lebens gewachsen zu sein. Die Botschaft, die wir hören wollen, ist, dass das Leben zwar schwierig, aber nicht unerträglich ist; und dass es relativ einfache Dinge sind, mit deren Hilfe diese Schwierigkeiten zu bewältigen sind. Wir sind keine passiven Gefäße, in die Schmerz, Angst und Sorge hineingegossen werden. Im Gegenteil, wir können sogar erfolgreiche Manager unserer Taten und Gefühle werden. Und als solche können wir die Auswirkungen von Sorge und Unglück auf unser Leben vermindern. Obwohl das Leben Härten und Leiden mit sich bringt, können wir immer etwas dagegen tun. Das Leben mag schwierig sein, doch Heiterkeit, Zufriedenheit und Wohlgefühl und sogar Glück sind nicht nur möglich, sondern relativ einfach zu erreichen.

Ich bin davon überzeugt, dass unser Leben weitgehend durch unsere Beziehungen bestimmt wird. Jede Seite dieses Buches ist durchdrungen von dieser einfachen Einsicht. Gute Beziehungen machen unser Leben gut, schlechte Beziehungen machen es schlecht. Meistens sind wir zusammen mit anderen glücklich oder unglücklich. Obwohl wir manches Mal auch trotz der anderen Menschen glücklich sind, sind wir es zumeist dank ihnen, dank unserer guten Beziehungen zu ihnen. Um zu lernen, wie wir glücklich sein können, müssen wir lernen, wie wir gut mit anderen leben können, und Höflichkeit ist ein Schlüssel dazu. Durch Höflichkeit lernen wir zu überlegen, fördern wirkungsvolles Auftreten und Kommunikation und erweitern die Bandbreite unserer wohlwollenden Reaktionen. Höflichkeit erlaubt uns, erfolgreich Beziehungen zu anderen Menschen aufzubauen. Während es keinen Ersatz für gesunde Selbstachtung gibt, müssen wir gleichzeitig unser Ich überwinden. Ein gutes Gleichgewicht zwischen diesen beiden Polen zu finden ist der Ursprung täglichen Wohlgefühls und Glücks und das eigentliche Wesen von Höflichkeit.

Was ist Höflichkeit?

> Vielleicht bekomme ich eine durch die Jahreszeit bedingte Grippe. Wenn ja, müsste ich wirklich darüber nachdenken, ob ich nicht für meinen Heimweg in der U-Bahn einen kleinen weißen Atemschutz kaufen sollte.
>
> *Suyata Massey*

Während vieler Jahre war die Literatur mein Leben. Ich verbrachte die meiste Zeit mit Lesen, Lehren und Schreiben über italienische Literatur und Lyrik. Eines Tages, als ich einen Vortrag über die *Göttliche Komödie* hielt, sah ich meine Studenten an, und mir wurde klar, es war mir wichtiger, dass sie freundliche Menschen wurden, als dass sie etwas über Dante wussten. Und ich sagte ihnen, dass, wenn sie alles über Dante wissen und dann hinausgehen würden, um eine alte Dame im Bus unfreundlich zu behandeln, hätte ich als Lehrer versagt. Ich habe in den letzten paar Jahren Dutzende von Vorträgen und Workshops über Höflichkeit gehalten und viel Befriedigung daraus gewonnen, auf diese Weise auch ein Publikum anzusprechen, das ich mit Literaturvorlesungen nicht erreicht hätte. Ich weiß jedoch, dass man durch das Lesen eine Art von Vorstellungskraft entwickeln kann, ohne die Höflichkeit nicht möglich ist. Um vollkommen menschlich zu sein, müssen wir uns den Schmerz des anderen vorstellen und in Bezug zu dem eigenen setzen können. Rücksichtnahme ist Vorstellungskraft auf einer moralischen Ebene.

Manchmal schreiben die Teilnehmer meiner Workshops auf ein Blatt Papier, was sie unter Höflichkeit verstehen. Hier sind eine Reihe von nicht geordneten Schlüsselbegriffen zum Thema Höflichkeit, die ich über die Jahre gesammelt habe:

Respekt vor dem anderen
Anteilnahme
Rücksichtnahme
Anstand
die goldene Regel
Respekt vor den Gefühlen anderer
Nettigkeit
Umgänglichkeit
Respekt vor den Meinungen anderer
Reife
Liebenswürdigkeit
gute Manieren
Entgegenkommen
Fairness
Schicklichkeit
Selbstbeherrschung
Fürsorge
Gerechtigkeit
Toleranz
Selbstlosigkeit

Etikette
gemeinnützige Arbeit
Takt
Gleichheit
Aufrichtigkeit
Moral
Ehrlichkeit
Aufmerksamkeit
Vertrauenswürdigkeit
Freundschaft
Tischmanieren
Mäßigung
Zuhören
Mitgefühl
verträglich sein
sich Umstände machen
Freundlichkeit
Hilfsbereitschaft
Korrektheit
sich an Regeln halten
ein guter Bürger sein
Frieden

Diese Liste sagt uns Folgendes:

- Höflichkeit ist komplex.
- Höflichkeit ist gut.
- Was immer Höflichkeit auch sein mag, es hat mit Freundlichkeit, Liebenswürdigkeit und gutem Benehmen zu tun.
- Höflichkeit gehört in den Bereich der Ethik.

Diese vier Punkte haben mich beim Schreiben dieses Buches begleitet. Wie die Teilnehmer meiner Workshops schließe ich bei der Definition von Höflichkeit eher mehr ein denn aus. Höflichkeit, Anstand, gute Manieren und Freundlichkeit sind ihrem Wesen nach Bewusstseinsformen. Höflich zu sein heißt, sich ständig des anderen bewusst zu sein und Selbstbeherrschung, Respekt und Rücksicht in dieses Geflecht der Bewusstheit einzuweben. Höflichkeit ist eine Form der Herzensgüte, sie ist eine liebenswürdige Güte. Aber sie ist nicht nur eine Haltung der wohlwollenden und rücksichtsvollen Beziehung mit anderen Individuen, sie schließt auch ein aktives Interesse am Wohlergehen der Gemeinschaft ein und sogar die Sorge um die Gesundheit des Planeten, auf dem wir leben.

Bitte und danke zu sagen; die Stimme zu senken, wenn wir die Ruhe anderer stören könnten; Geld zu sammeln für ein Renovierungsprojekt in der Nachbarschaft; einen Hinzukommenden in das Gespräch einzubeziehen; einen neuen Nachbarn willkommen zu heißen; zuzuhören, um zu verstehen und zu helfen; die zu respektieren, die anders sind als wir; mit Selbstbeherrschung einer Herausforderung zu begegnen; Müll, der von jemand anderem liegen gelassen wurde, zu entsorgen; gefährlichen Industrieabfall korrekt zu beseitigen; unsere Fehler einzugestehen; sich an bösartigem Klatsch nicht zu beteiligen; eine neue Kanne Kaffee im Büro zu kochen, nachdem man die letzte Tasse getrunken hat; beim Autofahren einen Richtungswechsel anzuzeigen; im Bus aufzustehen, wann immer es angebracht erscheint; die Person hinter uns im Flugzeug darauf aufmerksam zu machen, bevor wir unseren Sitz zurückstellen; auf der Rolltreppe auf der rechten Seite zu stehen; jemandem, der sich verirrt hat, den Weg zu zeigen; an der roten Ampel zu halten; mit Gelassenheit anderer Meinung zu sein und mit Würde Recht zu geben, wenn wir einen Streit verlieren: All diese verschiedenen Verhaltensweisen sind durchdrungen vom Geist der Höflichkeit.

Höflichkeit, Anstand, Manieren und *zivilisiert sein* sind keine deckungsgleichen Synonyme, wie die Etymologie klar zeigt.

> Im Leben: Höflichkeit und Selbstbeherrschung, und in der Kunst: der Stil. Das sind die vernünftigen Prägungen des freien Geistes, denn beide entstehen aus einer bewussten Formung aller Dinge und aus der Sicherheit, sich niemals, durch kein Gefühl der Welt, in Verwirrung oder Abgestumpftheit zu verlieren.
>
> *William Butler Yeats*

Höflichkeit leitet sich von (Fürsten-)*Hof* ab und evozierte in der Vergangenheit jene Überlegenheit des Charakters und Auftretens, die von denen erwartet wurde, die dem Königtum nahe standen. Etymologisch gesehen benehmen wir uns, wenn wir höflich sind, den Sitten des Hofes gemäß. Obwohl wir heutzutage diese Verbindung selten herstellen, weist Höflichkeit immer noch auf Vorzüglichkeit und Eleganz hin, die uns eine Haltung des Respekts und der Aufmerksamkeit verleihen. Darüber hinaus gemahnt sie an Achtung und Form.

Das Wort *Anstand* ist eine Abstraktbildung zu dem Verb *anstehen* im Sinne von *passen, sich schicken*, wie man es zum Beispiel von Kleidern sagt: «Es steht mir» oder «Es sitzt». Anständiges Benehmen ist also nichts anderes als ein passendes Verhalten in der Interaktion mit anderen.

> Für alles gibt es immer die beste Art und Weise, es zu tun, selbst beim Eierkochen. Manieren sind die glückliche Art und Weise, etwas zu tun; jede fing einmal als Geniestreich oder Akt der Liebe an und wird nun durch die Wiederholung erhärtet.
>
> *Ralph Waldo Emerson*

Bei *Manieren* denken wir oft an Kinder, denen man beibringt, bitte und danke zu sagen und den Mund beim Kauen geschlossen zu halten. Vielleicht hält uns dies davon ab, Manieren die Aufmerksamkeit zu schenken, die sie verdienen. Der Begriff leitet sich von *manus* her, dem lateinischen Wort für *Hand*. Manieren haben also mit dem Gebrauch unserer Hände zu tun. Es ist die Art, wie wir etwas tun, eine Form des *Hand*elns. Daher beziehen sich Manieren auf das Verhalten in sozialer Interaktion – die Art und Weise, wie wir die Begegnung zwischen dem Ich und dem anderen *hand*haben. Wir haben gute Manieren, wenn wir den anderen gut be*hand*eln, also behutsam mit ihm umgehen. Wenn wir das Wort *Hand* in seiner ursprünglichen Bedeutung betrachten, wird uns die Bedeutung von Manieren – für Erwachsene ebenso wie für Kinder – noch viel klarer. Abhängig von unserem Willen und unserem Einfühlungsvermögen kann die Hand schlagen oder helfen, verletzen oder streicheln, zerstören oder heilen.

> Zivilisiert im Umgang mit anderen zu sein ist ein weit aktiveres und positiveres Gut als nur freundlich oder höflich zu sein, aber wie viele andere Güter, etwa Großzügigkeit, Dankbarkeit oder Solidarität, ist es keines, das wie eine Pflicht, ein moralischer Anspruch, eingefordert werden kann.
>
> *Robert B. Pippin*

Zivilisiert sein leitet sich her von *civilis*, dem lateinischen Wort für *bürgerlich, gemeinnützig*, und erlangte im Wort *Zivilisation* die zusätzliche Bedeutung *(städtische) Bürgerschaft* und *bürgerliche Kultur*. In dem Begriff Zivilisation steckt die jahrhundertealte Annahme, dass das Leben in der Bürgerschaft, also in der Stadt, eine zivilisierende Wirkung hat. Die Stadt ist der Ort, an dem wir unseren Intellekt bilden und unsere sozialen Fähigkeiten verfeinern. Aber so wie wir von der Stadt geformt werden, lernen wir auch, der Stadt etwas von uns selbst zu geben. Wir können den zivilisierten Menschen als höflich, anständig und mit guten Manieren ausgestattet beschreiben, und die Etymologie erinnert uns daran, dass wir darüber hinaus gute Bürger und Nachbarn sein sollten.

Respekt im Alltag

Es ist nicht einfach, nach dem Prinzip des Respekts vor dem anderen zu leben.[1] Dass wir es dennoch vermögen, verdanken wir der Fähigkeit, uns mit anderen Menschen zu identifizieren und zumindest bis zu einem gewissen Ausmaß zu fühlen, was sie fühlen. Diese Fähigkeit nennt man Empathie.

> Empathie erhellt mit ihrem Licht unsere tiefsten Bedürfnisse und erinnert uns stets daran, dass unser Überleben von der Fähigkeit abhängt, einander genau zu verstehen und einfühlsam aufeinander zu reagieren.
>
> *Arthur P. Ciaramicoli und Katherine Ketcham*

Die außerordentliche Relevanz der Höflichkeitsregeln für unser Leben liegt in der Tatsache, dass wir, indem wir sie befolgen, das Prinzip des Respekts vor dem anderen in der täglichen Praxis anwenden. Höflichkeit leistet die Arbeit von Empathie.[2]

Dank praktizierter Höflichkeit entwickeln wir die unschätzbare Gewohnheit zu bedenken, dass keine unserer Handlungen ohne Wirkung auf andere bleibt. Wir lernen vorherzusehen, wie diese aussehen könnte, und handeln auf verantwortungsvolle und einfühlsame Weise. Höflichkeit zu wählen, also sich zivilisiert zu benehmen, heißt das Richtige für andere zu tun – also für die Gemeinschaft. Ein Nebenprodukt des gerechten Handelns anderen gegenüber ist die Bereicherung unseres eigenen Lebens. Ich hoffe, dass wir es niemals leid werden, wieder zu entdecken, dass Liebenswürdigkeit dem Liebenswürdigen gut bekommt.

Ja, wir leben in einem Zeitalter des radikalen Individualismus und kulturellen Relativismus. Ja, der Mangel an sinnvollem Zusammenhalt in unserem Leben ist entmutigend. Und ja, manchmal fühlen wir uns verloren ob der schwindelerregenden Anzahl und Vielfalt von Informationen, die allzu leicht verfügbar sind in einer Welt, durchdrungen vom unaufhörlichen Summen elektronischer Medien. Dennoch müssen wir nicht der Verwirrung, Gleichgültigkeit oder Verzweiflung erliegen. «Wir alle verfügen über eigene proteische Moralvorstellungen, die wir – jeder für sich – nach unseren eigenen egoistischen Bedürfnissen immer wieder neu modellieren», um die Worte Peter Gadols zu wiederholen; doch diese Moral ist bei weitem nicht die einzige brauchbare Bezugsgröße für das Unternehmen «Leben». Wir müssen nicht «wie Idioten rennen». Wir können stattdessen in der Erkenntnis handeln, dass die Qualität unseres Lebens von unserer eigenen Fähigkeit abhängt, Beziehungen zu finden und einzugehen. Harmonische und liebevolle Beziehungen bewirken ein glückliches Leben. Um diese Beziehungen aufzubauen, bedarf es des Respekts, der Rücksichtnahme und Liebenswürdigkeit, die wir leicht gewähren und von unseren Mitmenschen zurückbekommen, wenn wir höflich sind.

Glück und Verstand

> Unser Lebensglück hängt von der Qualität unserer Gedanken ab.
>
> *Markus Aurelius*

> Glück hängt nicht von Äußerlichkeiten ab, sondern davon, wie wir sie sehen.
>
> *Leo Tolstoi*

Die Bibel, Gautama Buddha, Markus Aurelius, Ralph Waldo Emerson und William James gehören zu den meistzitierten Quellen für diese folgenschwere Vorstellung: Unser Glück entspringt nicht den Ereignissen in unserem Leben, sondern eher daraus, wie wir auf diese Ereignisse reagieren. Wer sich über das Glück der Menschen Gedanken macht, sieht Zufriedenheit im Leben als ein Produkt des denkenden Ich.

Unser Leben besteht aus Ereignissen, über die wir wenig oder gar keine Kontrolle haben. Worüber wir jedoch Kontrolle haben, ist, wie wir über diese Ereignisse denken. Obwohl wir uns die Verkehrsdichte auf den überlasteten Autobahnen auf dem Weg zur Arbeit am Montagmorgen nicht aussuchen können, haben wir die Wahl, wie wir auf den Verkehr reagieren wollen. Sogar den schlimmsten Situationen können wir mit positiven Gedanken begegnen. Während wir auf einer Pendlerstraße in unseren motorisierten Blechkokons festsitzen, können wir dies beispielsweise als eine gute Möglichkeit betrachten, ernsthaft und ungestört Arbeitsplanung zu betreiben. Solch eine positive Reaktion auf negative Umstände wird eher Glücks- als Unglücksgefühle hervorbringen.

Unsere Gefühle sind Produkte unserer Gedanken. Ein positiver Gedanke produziert ein Gefühl der Zufriedenheit oder des Glücks, ein negativer ein Gefühl der Traurigkeit oder Niedergeschlagenheit. Wenn wir kontrollieren können, wie wir über das *denken*, was um uns herum passiert, dann haben wir die Kontrolle darüber, wie wir uns *fühlen*. Das wiederum heißt, wir können unser eigenes Glück schmieden. Dies als Mut machende Erkenntnis zu bezeichnen, wäre noch untertrieben. Sie geht jedoch mit einer ziemlichen Last an persönlicher Verantwortung einher, da sie uns nicht erlaubt, unser Unglück den Umständen zuzuschreiben. Wie auch immer, die Lehre von Hunderten von Denkern ist unmissverständlich: Zufriedenheit und Glück sind eine Frage der persönlichen Einstellung.

> Derjenige, der so wenig Menschenkenntnis hat, dass er Glück darin sucht, alles außer seinen Veranlagungen zu ändern, wird sein Leben mit fruchtlosen Versuchen verschwenden und das Leid mehren, das er gedenkt zu beseitigen.
>
> *Samuel Johnson*

Wer wollte sich nicht eine Haltung aneignen, die das Glück in unser Leben einlädt? Leider kann man eine positive Einstellung nicht wie neue Kleider überstreifen. Ich denke, wir sollten die Einladung zur Selbständigkeit mit einem Quäntchen gesundem Menschenverstand annehmen. In unser Inneres schauen, um Wege zu finden, mit den Schwierigkeiten im Leben umzugehen, heißt nicht, dass wir die Welt um uns herum ignorieren sollen. Unsere Beziehungen zu anderen sind eine unschätzbare Quelle von Sinn und Glück.

> Es gibt keine Freude – außer in menschlichen Beziehungen.
>
> *Antoine de Saint-Exupéry*

Wenn wir uns in der Kunst hervortun, gute menschliche Beziehungen zu pflegen, können wir es uns leisten, etwas weniger vollkommen im Meistern einer positiven Einstellung zu sein. Und dann können wir ungetrübte Zufriedenheit und Freude erleben.

Wie wir zu lieben lernen

Natürlich sind zwischenmenschliche Beziehungen nicht immer freudvoll. Sigmund Freud betrachtete das Streben nach Glück als die zentrale menschliche Erfahrung. Was wollen Menschen? «Sie wollen glücklich werden und so bleiben», lautete seine berühmte Antwort.[1] Er fuhr fort mit einer Liste dessen, was dieses Lustprinzip bedroht, Leiden kann durch unsere zu Gebrechen neigenden Körper oder durch die zerstörerischen Kräfte der Natur verursacht werden. Aber die schmerzlichste Quelle des Unglücks, bemerkte er, sind wohl unsere Beziehungen zu anderen Menschen.

Wir wissen alle, dass andere Personen unvermeidlich unsere individuelle Befriedigung einschränken. Wenn wir zu zweit sind und nur einen Apfel haben, könnte ich denken, dass ich Ihnen die Hälfte abgeben sollte, auch wenn ich ihn lieber allein essen würde. Oder Sie könnten mir den Apfel wegnehmen. In diesem Fall beginnt das Glück des anderen dort, wo das eigene endet. Jedoch können wir andere Menschen auch als eine Quelle des eigenen Glücks erkennen. Ihnen die Hälfte abzugeben, könnte mir ein größeres Vergnügen bereiten, als den ganzen Apfel allein aufzuessen. Sich von anderen fern zu halten, um nicht verletzt zu werden, funktioniert nicht. Unsere Herausforderung besteht darin, Beziehungen zu pflegen und dabei die Verletzungen, die sie mit sich bringen können, zu minimieren. Aber wie erreichen wir das?

Wenn wir mit einem schmerzhaften Ereignis konfrontiert sind, können wir versuchen, uns in Selbstdisziplin zu üben, oder unsere positive Einstellung anwenden. Mich interessiert jedoch mehr, was wir tun können, um schmerzhafte Erlebnisse von vornherein zu vermeiden. Wir haben zwar keine vollständige Kontrolle über die Umstände, die unser Leben beeinflussen, aber wir können es so einrichten, dass einige Ereignisse wahrscheinlicher eintreten als andere. Eine erprobte Art, von Beziehungen ausgehende Verletzungen auf ein Minimum zu begrenzen, ist es, den guten Umgang mit anderen zu pflegen. Wie wir dieses unschätzbare Verhaltenseinmaleins erlangen können, ist kein Geheimnis. Eine Ausbildung in Höflichkeit ist Teil unserer Grundausbildung als soziale Wesen, Höflichkeit die Präventivmedizin, die wir benötigen.

«Vergiss das mit der Liebe. Versuch's mal mit guten Manieren»[2] lautet der Schluss eines bissigen Briefes, den Siddalee, die Protagonistin in Rebecca Wells' Roman *Die göttlichen Geheimnisse der Ya-Ya-Schwestern* von ihrer Mutter Vivi bekommt. Weil niemand wirklich weiß, wie es ist zu lieben, schreibt Vivi, müssen wir wenigstens nett zueinander sein. Ich finde Vivis Äußerung verblüffend, auch wenn ich mit ihrer trostlosen Einschätzung nicht übereinstimme. Oft wissen wir, wie man liebt. Wir wissen zu lieben, wenn wir ein ausgeprägtes Gespür für die Gefühle und Bedürfnisse anderer haben. Das Problem ist nicht, dass Menschen von Natur aus nicht zu lieben vermögen, sondern dass die Lebensumstände oft verhindern, dass sie es lernen.

Ich bin optimistisch in Bezug auf die menschliche Fähigkeit zur Besserung. Wir können lernen, anständig und einfühlsam zu sein, wir können lernen zu geben; wir können lernen zu lieben. Aber wie machen wir das? Genau so, wie wir sprechen, lesen, schwimmen oder Rad fahren lernen: Wir brauchen jemanden, der es uns beibringt, und wir brauchen Übung. Ich mag Vivis Rat, weil ich darin lese, dass ein Ankunftsort ein schwer erreichbares Ziel ist. Und bevor wir lieben können, brauchen wir eine Grundausbildung.

Aber eins nach dem anderen. Zunächst disziplinieren wir unser Ego, um über die engen Grenzen der eigenen unmittelbaren Bedürfnisse hinausschauen zu können; dann haben wir eine Chance zu verstehen, was wahre Liebe ist. Zuerst das gute Benehmen und dann die Liebe. Durch das Erlernen von Höflichkeit werden die einen in der Lage sein, sogar Fremde zu lieben wie sich selbst, und bei anderen wiederum wird sich die Liebe auf ihre Freunde und die Familie beschränken. Alle jedoch werden bis zu einem gewissen Grad lernen, Respekt, Zurückhaltung, Anteilnahme und Wohlwollen zu praktizieren.

Höflichkeit und Selbstdarstellung

> Selbstbeherrschung ist nicht das Gleiche wie überkontrolliertes Unterdrücken aller Gefühle und Spontaneität … Werden Gefühle chronisch unterdrückt, kann dies das Denken und die intellektuellen Fähigkeiten beeinträchtigen und die reibungslose soziale Interaktion stören. Im Gegenteil dazu impliziert emotionale Kompetenz, dass wir die Wahl haben, wie wir unseren Gefühlen Ausdruck verleihen wollen.
>
> *Daniel Goleman*

> Selbstbeherrschung ist ein Puffer zwischen Absicht und Handlung und bietet die Gelegenheit, andere vor Handlungen oder Reaktionen zu schützen, die nur in unserem Kopf existieren sollten.
>
> *Stephanie Dowrick*

Legt uns Höflichkeit Beschränkungen in unserem täglichen Verhalten auf? Natürlich tut sie das. Heißt dies, dass wir notwendigerweise unsere Selbstdarstellung aufgeben müssen, wenn wir höflich sind? Nein, das bedeutet es nicht. Ist Höflichkeit ein Hindernis für unser Streben nach einem glücklichen Leben? Nein, das muss sie nicht sein, wenn sie vernünftig angewendet wird. Tatsächlich ist das Gegenteil der Fall: Höflichkeit ist entscheidend für ein ausgewogenes und glückliches Leben.

- Manchmal verwechseln wir Spaßhaben mit Glücklichsein. Das Letztere ist praktisch unmöglich ohne die Erfahrung von Selbstbeherrschung und Disziplin. Manchmal müssen wir auf Spaß verzichten, um Glück zu erreichen.[1]
- Höflichkeit ist befreiend. Sie befreit uns von der Sklaverei der Beschäftigung mit uns selbst, unseren Launen und Stimmungen.
- Manchmal verwechseln wir Selbstbeherrschung mit Selbstverleugnung. Höfliche Zurückhaltung hat mit dem Ersteren zu tun, nicht mit dem Letzteren.

Selbstdarstellung gehört zur natürlichen Ordnung der Dinge. Ja, wir schulden es uns sogar, uns selbst darzustellen. Es hat etwas Gutes und Gesundes, Gedanken und Gefühle zu äußern und danach zu handeln. Dies jedoch bedeutet nicht, dass alles, was wir zum Ausdruck bringen wollen, auch wert ist, ausgedrückt zu werden. Die Ungezügelten, Dreisten und Rücksichtslosen verhelfen der Selbstdarstellung zu ihrem schlechten Ruf. Unter dem Einfluss ungehemmter Launen durch das Leben zu gehen mag als Selbstausdruck gelten, ist aber verantwortungslose Selbstsucht. Schmerzhafte Zusammenstöße sind vorprogrammiert. Im besten Fall ist Selbstdarstellung die goldene Mitte zwischen Zurückhaltung und Maßlosigkeit.

> Grobheit ist des schwachen Mannes Imitation der Stärke.
>
> *Eric Hoffer*

In jeder Lebenssituation haben wir die Wahl, einen Augenblick innezuhalten und nachzudenken, bevor wir handeln – die Wahl der Selbstbeherrschung. Selbstbeherrschung ist erlernbare Zurückhaltung. Wir haben sie alle, und wir können lernen, sie aufzurufen, wann immer wir sie brauchen. Anstatt überstürzt und unbedacht zu handeln, können wir uns fragen:

- Will ich dies wirklich tun?
- Wird ein anderer durch mein Handeln verletzt?
- Werde ich hinterher auch noch gut finden, was ich getan habe?

Dies erlaubt uns, besonnene Entscheidungen zu treffen. Wir stecken im Verkehr fest und entscheiden uns dagegen, den anderen auf dem Pannenstreifen davonzufahren; wir sind wütend über die arrogante Haltung eines Verkäufers, aber wir schaffen es dennoch, ruhig und bestimmt zu bleiben; obwohl ein anderer Autofahrer uns die Parklücke wegschnappt, weigern wir uns, das scheinbar obligate Gezeter anzufangen; nach einem langen Tag sind wir erschöpft, hören aber trotzdem geduldig den scheinbar endlosen Nörgeleien eines Freundes zu.

Selbstbeherrschung bewirkt, dass all unser Handeln von Bedachtsamkeit und Rücksichtnahme durchdrungen wird. Wir wählen das Verhalten, bei dem wir uns auch noch in fünf Minuten, morgen oder in einem Jahr gut fühlen werden, obwohl es für den Augenblick vielleicht nicht als das Befriedigendste erscheint. Selbstbeherrschung ist die Kunst, sich auch später noch gut zu fühlen. Lebensweisheit beruht meistens einfach auf der Wahl eines Verhaltens, bei dem wir uns später auch noch gut fühlen.

Bei einer Zugfahrt in Italien gerieten meine Frau Virginia und ich in die ausgelassene Gesellschaft von Gymnasiasten auf einem Tagesausflug. Zehn lange Minuten sagte ich nichts, hoffend, dass sie sich beruhigen würden. Keine Chance. Ihre anhaltende Rücksichtslosigkeit gegenüber den anderen Anwesenden war sicher alles andere als charmant, was mich aber nahe an einen Wutanfall brachte, war das Einverständnis ihrer Lehrer. Einen Augenblick lang hätte ich auf Schüler und Lehrer gleichermaßen einschlagen mögen. Ich wusste jedoch sofort, dass ich dies nicht tun würde, denn ich hätte es später bedauert.

Ich unternahm den bewussten Versuch, einen klaren Kopf zu bewahren. Dann bat ich die zwei Schüler auf den Plätzen auf der gegenüberliegenden Seite des Ganges in ruhigem, aber bestimmtem Ton, ihre Stimmen so zu senken, dass ich mich mit meiner Frau unterhalten könnte. Ich versuchte sie nicht einzuschüchtern, sondern auf meine Bedürfnisse aufmerksam zu machen. Ich informierte sie, aber ich machte ihnen auch klar, dass mit dieser Information die Verantwortung bei ihnen lag, etwas dagegen zu tun. Andere Schüler und die Lehrer hörten mit. Die Antwort war nervöses Gelächter, einige machten sich lustig, indem sie «Psst» zischten. Aber das allgemeine Verhalten änderte sich. Der Rest der Reise war bedeutend ruhiger, und als wir in Rom ankamen, verabschiedeten wir uns alle voneinander und wünschten uns gegenseitig einen angenehmen Aufenthalt.

Es war Selbstbeherrschung, die eine befriedigende Lösung des Vorfalles möglich machte. Meine Selbstbeherrschung, aber auch die der Schüler. Man könnte behaupten, dass wir durch unsere Höflichkeit unsere Selbstdarstellung unterdrückt hätten. Aber man kann genauso gut sagen, dass es besser ist, nur diesen einen Aspekt unseres Selbst statt eines anderen Teils zum Ausdruck zu bringen. Obwohl es scheinen mag, als würden wir unsere Selbstdarstellung aufgeben, wenn wir uns in Selbstbeherrschung üben, kann dies doch in Wahrheit ebenso ein Ausdruck unseres Selbst sein wie ein ungezügeltes Benehmen. Ja, höflich zu sein mag die spontane Bedürfnisbefriedigung beschränken, weshalb wir auch immer wieder versucht sind, grob zu werden. Aber Höflichkeit bedroht keinesfalls die Erfüllung im Leben. Zufriedenheit liegt nicht darin, was die Höflichkeit uns gebietet, zu tun oder zu lassen, sie ist vielmehr weitgehend das Ergebnis vieler richtiger Entscheidungen, die wir im Umgang mit anderen Menschen getroffen haben. Höflichkeit hilft uns, zu diesen Entscheidungen zu gelangen.

Die Netten ziehen immer den Kürzeren – oder etwa nicht?

> Wir hören von einer Zukunft, zu der Beziehungen der Schlüssel sind und Menschen nicht nur geschätzt werden, weil sie ihre Aufgaben gemeistert haben, sondern wo ein gut gelebtes Leben das ist, was zählt.
>
> *Frances Hesselbein*

Manche Menschen sehen keinen Platz für Höflichkeit in einer nicht – ganz – vollkommenen Welt. Sie halten sie in unserer aggressiven und vom Konkurrenzdenken geprägten Gesellschaft für einen Luxus, den sie sich nicht leisten können. Wenn du höflich bist, giltst du als schwach und wirst zur Seite geschoben, sagen sie. Rücksichtsvoll und liebenswürdig zu sein gefährdet Selbstbewusstsein, beruflichen Ehrgeiz und den Handelswert. Also: Gib dein Einfühlungsvermögen an der Garderobe ab, kremple die Ärmel hoch, halte dich nicht zurück und kassiere deinen Preis.

Ich beabsichtige nicht, eine solche Einstellung einfach abzutun. Kann man damit substanzielle Ergebnisse erzielen? Ja, das kann man, vor allem kurzfristig gesehen. Die Frage ist: Will man auf diese Art gewinnen und kann man so gewinnen?

Die Netten müssen nicht den Kürzeren ziehen. Nicht, wenn sie zudem klug, einfallsreich, entschlossen und beharrlich sind. Nettigkeit wirkt als Bestandteil einer gewinnbringenden Mischung. Dies ist eine der wenigen Gewissheiten, auf die wir uns verlassen können, wenn wir unsere Werte wählen und unsere Einstellungen sowohl für die persönliche als auch für die berufliche Arena formen.

Wenn ich im neuen Jahrhundert an den höflichen Menschen denke, erinnere ich mich an eine Passage von E. M. Forsters Essay «An was ich glaube»:

> Ich glaube an die Aristokratie … wenn dies das richtige Wort ist und ein Demokrat es benutzen darf. Nicht die Aristokratie der Macht, basierend auf Rang und Einfluss, sondern die Aristokratie der Einfühlsamen, der Rücksichtsvollen und der Mutigen. Ihre Mitglieder kann man in allen Nationen und in allen Klassen durch alle Jahrhunderte hindurch finden; es besteht ein geheimes Einvernehmen zwischen ihnen, wenn sie sich begegnen. Sie repräsentieren die wahre menschliche Tradition, den einen anhaltenden Sieg unserer seltsamen Rasse über Grausamkeit und Chaos. Tausende von ihnen sterben im Dunkeln, wenige tragen große Namen. Sie sind anderen gegenüber ebenso einfühlsam wie gegenüber sich selbst und rücksichtsvoll ohne falsches Getue, ihr Mut ist keine Pose, sondern die Kraft zu ertragen, und sie haben Sinn für Humor.[1]

«Einfühlsam», «rücksichtsvoll», aber auch «mutig». Der Schriftsteller Forster ermutigt uns, höflich zu sein, ohne uns selbst zu verleugnen, einfühlsam und bestimmt zu sein, Respekt vor dem anderen als erweiterte Form des Respekts vor uns selbst zu üben – und all dies in ernsthafter Absicht und mit leichter Hand. Im selben Atemzug von Mut, Ausdauer, Einfühlungsvermögen und Rücksichtnahme, von Liebenswürdigkeit als einer Stärke zu sprechen: Das ist eine rechte Lektion. Wir wollen sie im Kopf behalten, wenn wir dem neuen Jahrhundert entgegentreten und entscheiden, in welche Richtung wir uns bewegen wollen.

Höflich zu sein, also uns auf eine Art und Weise zu verhalten, die auch die Gefühle und das Wohlbefinden anderer berücksichtigt, heißt, die Kunst des Gebens zu praktizieren. Dieses Verhalten ist gleichzeitig freiwillig und bindend. Obwohl nicht zwingend vorgeschrieben, schafft es doch eine Bindung zwischen den Beteiligten. Wenn wir höflich sind, erwarten wir, dass wir ebenso behandelt werden. Selbst eine geringe Transzendierung des Selbst ruft nach einer vergleichbaren Transzendierung beim Gegenüber. Wenn ich Sie auf die bestmögliche Art behandle, die ich kenne, appelliere ich an das Beste in Ihnen und dränge Sie, sich ebenso zu verhalten. Höfliches Benehmen ist die Anwendung von sanfter Gewalt mit dem Ziel, dass jeder im heiklen Spiel des sozialen Austausches zum Gewinner wird.

Als Kunst hat die Höflichkeit Regeln, die man lernen kann, und der Umgang mit diesen Regeln wird leichter und besser durch Übung. Das ist die gute Nachricht. Die schlechte Nachricht ist, dass wir oft nicht in der Lage sind, uns die Vorzüge des Erlernens und des Übens vorzustellen. Und so lassen wir eine Quelle ungenutzt versiegen, die sich als unschätzbar bei der Verbesserung unserer Lebensqualität erweisen würde. Ich hoffe, in diesem Buch meinen glühenden Glauben an die außerordentlichen Vorzüge der täglichen Anwendung von Höflichkeit vermitteln zu können.

Die Wissenschaft der Liebe und des sozialen Rückhalts

Wenn man sich geliebt, genährt, umsorgt, unterstützt fühlt und Vertrauen hat, ist man höchstwahrscheinlich sehr viel glücklicher und gesünder, das Risiko, krank zu werden, ist wesentlich geringer, und man hat, wenn dem so ist, eine wesentlich höhere Überlebenschance.

Dean Ornish

• Zu Anfang der fünfziger Jahre wurden gesunde, junge Männer aus zwei Harvard-Jahrgängen gebeten, einen Fragebogen auszufüllen, der beurteilen sollte, wie nahe sie ihren Eltern standen. Eine Überprüfung ihrer medizinischen Unterlagen 35 Jahre später offenbarte faszinierende Fakten. Bei 100 Prozent der Männer, die angegeben hatten, beiden Eltern nicht sehr nahe zu stehen, wurden in den folgenden Jahren schwerwiegende Erkrankungen wie Herzkrankheiten oder Zwölffingerdarmgeschwüre diagnostiziert. Unter den Männern, die von glücklichen, warmherzigen Verhältnissen zu beiden Elternteilen berichtet hatten, wiesen nur 47 Prozent ähnliche Diagnosen auf.

• 1965 zeichneten Lisa Berkman – eine Pionierin auf dem Gebiet der ganzheitlichen Medizin – und ihre Kollegen die sozialen Bindungen (Personenstand, Freundschaften, Kirchenzugehörigkeit usw.) von mehreren tausend Männern und Frauen aus Alameda County in Kalifornien auf. 1979, 14 Jahre später, machten sich die

Forscher daran, die Gesundheit der Probanden zu beurteilen. Sie fanden heraus, dass die Personen, die isoliert lebten, früher starben als die Personen, die gut in ihr soziales Umfeld integriert waren. Die Sterberate war zwischen 1,9- und 3,1-mal so hoch. In den darauf folgenden Jahren bestätigten verschiedene andere Studien, dass ein Fehlen sozialer Bindungen ein ernsthaftes Gesundheitsrisiko birgt.

• In den neunziger Jahren untersuchten Dr. Sheldon Cohen von der Carnegie-Mellon-Universität und seine Mitarbeiter die Intensität sozialer Bindungen von 276 gesunden Freiwilligen zwischen 18 und 55 Jahren. Dann gaben sie den Probanden Nasentropfen, die Schnupfenviren enthielten, mit dem Ziel, das Auftreten einer gewöhnlichen Erkältung zu beobachten. Die Forscher fanden heraus, dass diejenigen Probanden, die diversen sozialen Netzwerken angehörten, die Erkältung viel wirkungsvoller abwehrten. Diejenigen mit sechs oder mehr verschiedenen Arten von sozialen Bindungen schnitten viermal besser ab als diejenigen mit nur ein bis drei Arten.

• Dr. Janice Kiecolt-Glaser und ihr Team von der Ohio-State-Universität zeigten, dass getrennt lebende und geschiedene Männer nicht so gesund wie verheiratete waren. Sie zeigten auch auf, dass Männer, deren Ehe nicht besonders glücklich war, weniger effektive Immunsysteme hatten. Feindseligkeiten zwischen Ehemann und Ehefrau sind mit Sicherheit schlecht für die Gesundheit. In einer anderen Studie konzentrierten sich Dr. Kiecolt-Glaser und Dr. Ronald Glaser auf Paare, die schon mehrere Jahrzehnte verheiratet waren. Sie fanden heraus, dass die Immunsysteme der Paare, die sich häufig stritten, deutlich schwächer waren als die Immunsysteme der Paare, die dies nicht taten. Eine Analyse Dutzender von Studien hat ergeben, dass Feindseligkeit als Charakterzug ein Hauptrisikofaktor für die Entstehung einer Erkrankung der Herzkranzgefäße ist.[1]

Um gesund zu bleiben, müssen wir unter anderen Menschen leben. Weil soziale Integration gesund hält, sind soziale Fähigkeiten – die Fähigkeiten, die soziale Integration ermöglichen – äußerst relevant für unsere Gesundheit. Wenn wir fähig sind, Beziehungen zu unterhalten, können wir eher ein Netzwerk der Unterstützung flechten und aufrechterhalten. Weit davon entfernt, nur eine Frage des guten Tons zu sein, ist Höflichkeit auch eine Frage der Gesundheit. Oder ganz einfach: Gutes tun tut Ihnen gut. Um gesund zu bleiben, müssen wir unser Leben als sinn- und zweckvoll begreifen. Sinn und Zweck gehen üblicherweise mit der Gegenwart anderer in unserem Leben einher. Umso wichtiger ist es daher zu lernen, sie fair, mit Respekt und rücksichtsvoll zu behandeln. Tun wir dies, wird uns mehr und mehr klar, dass Höflichkeit ein Ort der Begegnung zwischen dem Selbst und dem anderen ist, an dem Eigennutz und Altruismus einen harmonischen Weg der Koexistenz finden.

Zu den Regeln

Regeln der Höflichkeit bestehen in der einen oder anderen Form schon seit sehr langer Zeit. Sie tauchen in den Texten aller großen Religionen auf, vom Judentum über das Christentum zum Konfuzianismus, vom Islam zum Hinduismus. Man kann sie in Renaissancetraktaten über den idealen Edelmann und die ideale Edelfrau, in viktorianischen Benimmbüchern ebenso finden wie in den Werken der Philosophen von Platon bis Kant. Die moderne Selbsthilfeliteratur zum Thema soziale Fähigkeiten wie auch Pamphlete von Verfechtern einer zivilisierten Gesellschaft jeglicher Couleur versuchen diese Regeln am Leben zu halten.

> Wir können wählen, wie wir uns verhalten, und das heißt, dass wir die Wahl haben, uns für Höflichkeit und Anmut zu entscheiden.
>
> *Dwight Currie*

Ich habe mich bemüht, dieses immense Werk und seine Weisheit auf 25 grundlegende Regeln zu kondensieren. Obwohl die Regeln der Höflichkeit dem Zahn der Zeit widerstanden haben, habe ich sie, mit den Anforderungen unserer Zeit und meinen persönlichen Erfahrungen im Hinterkopf, neu angeordnet und umgeschrieben. Sie zu befolgen mag Ihnen nicht als der schnellste Weg zu einem glücklichen Leben erscheinen. Eher noch mögen sie als ein

Umweg erscheinen, da Höflichkeit Arbeit und Entschlossenheit erfordert. Aber sie ebnen den Weg zu Heiterkeit und Zufriedenheit. Und ich könnte mir keinen besseren Weg vorstellen.

TEIL II

Die Regeln der Höflichkeit

1. Seien Sie aufmerksam

Ein menschlicher Augenblick von Bedeutung ist immer dann gegeben, wenn zwei oder mehr Personen zusammen sind und einander Aufmerksamkeit schenken.

Edward M. Hallowell

Die Hauptform, die die Arbeit der Liebe annimmt, ist Aufmerksamkeit.

M. Scott Peck

Mehrere Schülerinnen der Mittelstufe gehen durch die Eingangshalle. Sie lachen, necken einander, und sie sind laut. Als sie an der geschlossenen Tür eines Klassenzimmers vorbeikommen, tut eine von ihnen das Unerwartete. Nur wenige Sekunden zuvor schien sie alles andere außerhalb des Mikrokosmos ihrer kichernden Kameradinnen vergessen zu haben, aber jetzt, als sie die geschlossene Tür sieht, schießt ihr der Gedanke durch den Kopf, dass dahinter eine Klasse Unterricht oder eine Prüfung haben könnte. Sofort senkt sie die Stimme und bringt auch ihre Freundinnen eilig zum Schweigen.

Eine scheinbar geringe Tat, aber nichtsdestoweniger beeindruckend. Zuerst ist es der jungen Frau gelungen, vor ihrem geistigen Auge zu sehen, was sich hinter der geschlossenen Tür abspielen könnte; dann ist sie in der Lage, sich das Unbehagen vorzustellen, das der Lärm ihrer Gruppe verursachen könnte; und schließlich war sie gewillt, aufgrund ihrer empathischen Vorstellung zu handeln. Dieser komplexe Vorgang jedoch hätte nicht seinen Anfang genommen, wenn sie sich ihrer Umgebung nicht bewusst gewesen wäre. Sie konnte Rücksicht nehmen, weil *sie aufmerksam war*.

Ohne Aufmerksamkeit ist sinnvolle Interaktion unmöglich. Oberste Verantwortung im Zusammensein mit anderen ist es, aufmerksam zu sein. Die Etymologie sagt uns, dass im Wort *aufmerksam* das Wort *Marke* steckt. Aufmerksam sein hat also damit zu tun, *Kennzeichen*, *Merkmale* oder eben *Marken* in der Welt zu sehen und zu erkennen. Erst nachdem wir die Welt *bemerkt* haben, können wir anfangen, uns um sie zu kümmern. Jeder Akt der Freundlichkeit ist in erster Linie eine Handlung der Aufmerksamkeit. Wir können merken, dass ein Kollege ein ermutigendes Wort nötig hätte, aber nur wenn wir aufmerksam sind, können wir reagieren. Wir können hören, dass ein Kind weint, aber wiederum ist unsere Hilfe davon abhängig, ob wir innehalten und es bemerken.

Im täglichen Leben sind wir häufig unaufmerksam. Ich weiß, dass ich oft durch meine Welt gehe, ohne sie wahrzunehmen oder sie zu meiner zu machen. Wenn ich die altbekannte Strecke ins Büro und wieder nach Hause fahre, bemerke ich selten individuelle Objekte in der Welt um mich herum. Mein Blick ist vielmehr in der Patina des Vertrauten gefangen. Ein Baum ist nichts als ein Baum, ein Laden nur ein Laden, ein Bus nur ein Bus, ein Passant nur ein Passant. Nichts Interessantes.

Ich glaube, wir alle kennen diese Art von Erfahrung, genauso wie wir das Gegenteil kennen. Wir sind auch in der Lage, die Welt als einen neuen und interessanten Ort zu erleben, als etwas, das der Aufmerksamkeit wert ist. Manchmal benötigen wir dafür einen besonderen Anlass. Heute fahre ich die gleiche Strecke wie jeden Tag, aber dieses Mal gemeinsam mit einem Besucher von außerhalb. Als ich den Freund auf die Sehenswürdigkeiten hinweise, wird meine Wahrnehmung schärfer und das Vertraute fremd. Jetzt nehme ich das, was ich jeden Tag sehe, so wahr, als sähe ich es zum ersten Mal. Der Baum wird zu einem alten Hartriegel. Eine hübsche dreifarbige Katze schläft im Schaufenster des Ladens. Der Bus, der vorbeibrummt, ist versehen mit einem beleuchteten Ziel, das in mir Erinnerungen an einen Ferienort wachruft, den ich als Kind liebte. Eine Passantin ist eine offensichtlich aufgeregte Frau mittleren Alters, die ein weißes Taschentuch vor den Mund drückt. Was ich getan habe? Ich habe meine Alltagswelt durch die Augen eines Fremden betrachtet. Ich habe die Wirklichkeit aus ihrem Einheitspapier gewickelt. Ich habe ihr Aufmerksamkeit geschenkt.

Wenn wir durch die Welt gehen, als hätten wir den Autopiloten eingeschaltet, können wir bei der Begegnung mit unseren Mitmenschen nicht in Höchstform sein. Wenn wir aufmerksam sind, sind wir wachsam der Welt gegenüber, wir verbessern substanziell die Qualität unserer Reaktionen und damit auch die Qualität unseres Lebens und des Lebens derjenigen, die mit uns in Kontakt kommen. Wir wollen jeden Augenblick unbeschwert erleben, aber gleichzeitig ein wenig die Fähigkeit des Fremden beibehalten, sich von der Wirklichkeit «beeindrucken» zu lassen. Wir wollen der Wirklichkeit erlauben, ihren Stempel auf unser Bewusstsein zu drücken.

- Ich spreche gerade nicht *nur* mit *einem* Kollegen, sondern mit *diesem* Kollegen, der mir vor mehreren Wochen erzählte, dass er um die Gesundheit seines Kindes besorgt sei, und der mir in den letzten Tagen immer gedankenverlorener erscheint. Ich will dies im Kopf behalten, wenn wir die Teamarbeit für den nächsten Monat planen.
- Ich tausche gerade nicht *nur* mit *einer* Schulfreundin Erinnerungen aus, sondern mit *dieser* Freundin, die früh geheiratet hat, niemals auf eine Hochschule ging und sich anscheinend bedroht fühlt durch die Freundschaften, die ich während meiner Hochschulzeit geschlossen habe. Ich sollte sie *unserer* Freundschaft versichern.
- Ich kritisiere gerade nicht *nur* die Arbeit *einer* Studentin, sondern ich spreche mit dieser *einen* Studentin. Ich habe bemerkt, wie sie sich durch das Semester gekämpft hat, um mit den fortgeschritteneren Kommilitonen Schritt zu halten. Wenn ich mit ihr ihre Arbeit durchgehe, will ich sie an ihre Stärken erinnern und ihr sagen, dass ich an ihr Potenzial glaube.
- Ein Auto versucht sich aus einer Parklücke auf der rechten Seite in den Verkehr einzufädeln, aber da der Verkehr Stoßstange an Stoßstange rollt und jeder Fahrer denkt, es sei *einfach* noch ein weiteres Auto, wird der Fahrer dort ewig stecken bleiben. Ich will langsamer fahren, um ihn vor mir hineinzulassen.
- Virginia bemerkt auf den hinteren Sitzen unseres Zugwaggons einige Reisende, die lesen und arbeiten. Da wir uns unterhalten wollen, meint sie, wäre es doch gut, im vorderen Teil zu sitzen, um die anderen so wenig wie möglich mit unserem Gespräch zu stören.

Aufmerksamkeit ist das, was all diese Situationen gemeinsam haben, oder um genauer zu sein, der Sieg der Aufmerksamkeit über Gedankenlosigkeit, Gleichgültigkeit und Faulheit. Wenn wir unser Tempo verlangsamen, um aufmerksam zu sein, werden wir dem Leben gerecht, weil wir es ernst nehmen. Wenn wir aufmerksam sind, werden wir der Gegenwart der anderen in unserem Leben gerecht. Aufmerksamkeit bedeutet ein Überwinden des Selbst. Dadurch verleihen wir dem Leben anderer Wert. Wenn ich Ihnen zeige, dass Sie meiner Aufmerksamkeit wert sind, anerkenne und honoriere ich Ihren Wert.

Aufmerksamkeit ist zwar das Beobachten unserer Umgebung, hat aber auch mit Selbstwahrnehmung zu tun. Wir wollen darauf achten, wie wir auf Umstände reagieren, und zwar gerade wenn wir reagieren. Wir wollen sichergehen, dass unsere Gefühle und unsere Handlungen zusammenpassen. Die Worte eines anderen verletzen uns, und wir fühlen Wut in uns aufsteigen. Lassen Sie uns einen Augenblick innehalten und ihr Aufmerksamkeit schenken. Ist die Wut berechtigt? Oder eine Überreaktion? Reagieren wir auf eine Weise, die wir bald bereuen werden? Wenn ein Freund uns fragt, ob wir ihn für eine Stelle empfehlen könnten, ist unsere erste Reaktion Unbehagen. Noch bevor wir irgendetwas anderes tun, sollten wir diesem Gefühl Beachtung schenken. Ist es, weil wir wirklich nicht glauben, dass er der richtige Kandidat für die Stelle ist? Oder gönnen wir ihm diese Chance nicht? Oder ist es eine Mischung aus beidem?

Aufmerksamkeit schaut in zwei Richtungen: nach außen und nach innen. Während sie die Welt überprüft, überprüft sie auch unsere Seele. Es liegt an uns, ihren unerschöpflichen Reichtum an Informationen zu nutzen. Wenn wir es schaffen, dies zu tun, sind wir in Höchstform und schöpfen das Leben vollständig aus.

Salz und Pfeffer

In den Seminaren über Höflichkeit und gutes Benehmen frage ich meine Studenten stets: «Wir essen gemeinsam in der Mensa der Universität und ich bitte Sie, mir das Salz zu reichen. Was tun Sie?»

Der Dialog, der dieser Frage folgt, sieht im Großen und Ganzen so aus:

«Ich reiche Ihnen das Salz», antwortet Student A, etwas verwirrt darüber, das Offensichtliche erklären zu müssen.

«Was noch?», dränge ich.

«Das ist alles», erwidert er. «Sie haben um das Salz gebeten, und ich gebe es Ihnen.»

«Was noch?», insistiere ich.

Ein paar Sekunden Schweigen, dann kommt die zögernde Antwort von Student B: «Ich reiche Ihnen auch noch den Pfeffer?»

«Ja», antworte ich, «das ist es, was wir in Anstandsbüchern finden: Salz und Pfeffer gehören immer zusammen. Die Bücher sagen uns aber nicht, warum. Nennen Sie mir die Gründe für diese Regel.»

Student B ist jetzt bereit: «Ich reiche Ihnen auch den Pfeffer, weil Sie ihn später brauchen könnten?»

Das ist in der Tat einer der Gründe für die Regel. Und hier kommt die Ethik bei der Etikette ins Spiel: «Sie», sage ich zu Student B, «denken dabei an eines meiner Bedürfnisse, das ich vielleicht haben werde. Bei Ihrem Handeln beachten Sie nicht nur eine willkürliche Regel, Ihr Handeln hat eine ethische Komponente, da sie Aufmerksamkeit und Überlegung erfordert. Wenn sich ein Widerling durch egozentrische Weltvergessenheit[1] auszeichnet, sind Sie das Gegenteil von ihm.»

An diesem Punkt weist jemand darauf hin, dass Salzstreuer und Pfeffermühle leichter zu finden sind, wenn sie zusammenbleiben. Der Nächste, der sie braucht, wird sie nicht auf dem ganzen Tisch suchen müssen. «Indem wir die Regel befolgen», schließe ich, «zeigen wir also Rücksichtnahme auf Menschen, die wir gar nicht kennen.» Die Studenten sind von der Erläuterung dieser Zusammenhänge beeindruckt. Sie sprechen mit ihren Bekannten und Freunden über Salz und Pfeffer. Und sie beginnen zu verstehen, dass ein bescheidenes Benimmbuch eine Fibel zur Moralphilosophie sein kann. Dieses Nachdenken über gutes Benehmen und seine ethischen Fundamente erweitert und schärft das Bewusstsein der Studenten für die Bedürfnisse anderer. Ich hoffe, dass wiederholte Übung sie weniger anfällig für rücksichtsloses, egoistisches – oder gar ausfallendes – Verhalten macht

2. Erkennen Sie andere an

> Alles Handeln in Gesellschaft sollte mit Zeichen des Respekts vor den Anwesenden vollzogen werden.
>
> *George Washington*

Erkennen Sie die Existenz anderer Menschen an, ihre Bedeutung für Sie, ihre Gefühle und die Dinge, die sie für Sie tun. Anerkennung hat ganz verschiedene Formen: sich an jemandes Namen zu erinnern; ein wohl überlegtes Kompliment zu machen; für den Neuankömmling zu einem Gespräch zusammenzufassen, was gerade gesagt wurde; die Tür offen zu halten, um jemanden hindurchzulassen; jemanden willkommen zu heißen; jemandem zu danken oder einfach nur Hallo zu sagen.

Vor etwa 25 Jahren gerade frisch aus Italien in den Vereinigten Staaten angekommen und als noch grüner Uniabsolvent erpicht darauf, die Welt um mich herum zu begreifen, fuhr ich täglich mit dem Bus zum UCLA-Campus in Westwood, Kalifornien. Einen meiner ersten und nachhaltigsten Eindrücke von Amerika erhielt ich durch diese Fahrten. Zu meiner großen Überraschung sagten viele Passagiere beim Einsteigen «Guten Morgen» zum Fahrer und «Danke» und «Einen schönen Tag noch», wenn sie ausstiegen. Ich hatte so etwas noch nie erlebt. In Europa schenkt niemand Busfahrern Aufmerksamkeit. Als ich in Mailand lebte, waren sie für mich fast ununterscheidbar von den Maschinen, die sie fuhren, wie ein anonymer, mechanischer Teil davon. Aber in den blauen Bussen der Strecke zwischen Santa Monica und Westwood, und dank der Anerkennung durch meine Mitreisenden, begann ich, die Fahrer als Personen zu sehen – *wirklich* zu sehen. Die Fähigkeit, hinter dem Job das Individuum zu sehen, ist eine amerikanische Fähigkeit, wie ich in den nächsten Jahren weiter lernen sollte.

Ein einfaches «Hallo» oder «Guten Morgen» ist die simpelste Form der Anerkennung. Jeden Tag, wenn wir an unserem Arbeitsplatz ankommen, grüßen wir unsere Kollegen. Normalerweise verleihen wir unserem Gruß keinen besonderen Nachdruck. Das ist nicht nötig. Wenn ich «Guten Morgen» zu Sharon und Rebecca sage, den Sekretärinnen meines Fachbereichs, erkenne ich automatisch ihre Existenz an. Ohne es auszusprechen, sage ich ihnen: «Sie existieren, und das bedeutet mir etwas.» Ich sage zudem: «Ich weiß, dass Sie – ebenso wie ich – unsere Beziehung beobachten. Seien Sie versichert, dass wir uns nach meinem Dafürhalten in gutem gegenseitigem Einvernehmen befinden.» Immer wenn wir mit anderen zusammen sind, sind wir auf ein System von Verpflichtungen und Erwartungen angewiesen. Wenn ich eines Tages nicht «Guten Morgen» sagen würde, würde meine Handlung nach einer Erklärung verlangen. Sharon und Rebecca würden sich wundern, was die unerwartete Veränderung verursacht haben könnte und ob es etwas war, was sie getan haben. Mein Gruß ist an einem Tag vielleicht etwas fröhlicher und dann wieder weniger fröhlich, aber er erfüllt immer seine entscheidende Funktion.

Ein Gruß ist die minimale, wenn auch sinnvolle Ehrerbietung dafür, dass ein Mensch einfach ein Mensch ist. Damit würdigen und erkennen wir ihn nicht nur an, sondern lockern die Atmosphäre und wünschen ihm Gutes. Wir kündigen an, dass wir kein Leid zufügen wollen und drücken unsere Anteilnahme am Wohlergehen unserer Mitmenschen aus. Indem wir dieses tun, laden wir unser Gegenüber ein, uns auf dieselbe wohlwollende Art zu betrachten, die wir ihm entgegenbringen. Dies ist der Stoff, aus dem Höflichkeit gemacht ist.

Und trotzdem spielen wir oft das Spiel der Unsichtbarkeit. Wir sehen einen Bekannten auf uns zukommen, aber anstatt «Hallo» zu sagen oder auch nur in Anerkennung mit dem Kopf zu nicken, gehen wir weiter, als sei der andere oder wir nicht anwesend. Ist ein bescheidenes Zeichen der Anerkennung bei einer flüchtigen Begegnung so beschwerlich? Sind wir schüchtern? Sind wir faul? Sind wir das Opfer fehlgeleiteten Stolzes? Oder sind wir so zielorientiert, dass uns nichts kümmert, was uns nicht unserem Ziel näher bringt, was immer es auch sein mag? Sind unsere Seelen im Begriff, unheilbar zu verkümmern?

Wir können nicht jeden Augenblick unseres Lebens gesellig sein. Manchmal sind wir nach innen gekehrt, unerreichbar für andere, schützen unsere Intimsphäre und unsere Gemütsverfassung. Und das ist in Ordnung so. Manchmal brauchen wir dies, um nach der großen – körperlichen und nervlichen – Verausgabung, die das heutige Leben uns abverlangt, wieder aufzutanken. Aber wir können auch ohne das Unsichtbarkeitsspiel auskommen. Es ist unaufrichtig und kleinlich. Nicken wir einander wenigstens zu. Und spielen wir nicht noch ein weiteres Spiel, nämlich: Ich warte darauf, dass du mich anerkennst, bevor ich dich anerkenne. Ich hoffe, wir haben stets Selbstachtung genug, um zu wissen, dass wir nicht unser Gesicht verlieren, wenn wir als Erste grüßen.

Eine Unhöflichkeit – drei Treffer

Während Judy in der Schlange vor der Kasse einer Buchhandlung wartet, drängt sich eine Frau lässig vor. Was macht das schon? Diese grobe Handlung – ein Mangel an Anerkennung – ist auf mindestens drei Arten verletzend. Zuerst einmal ist es beschwerlich für Judy, weil sie länger warten muss. Sie hat noch anderes zu tun und muss ihre Sachen so schnell wie möglich erledigen, was sie nun nicht kann.

Zweitens wird Judy dadurch verletzt, dass die Frau ihre Anwesenheit ignoriert. Die Frau handelt, als ob Judy Luft oder ihre Existenz unwichtig wäre. Der Gesichtsverlust macht Judy unruhig und ärgerlich.

Drittens fühlt Judy, dass sie etwas tun sollte, um Genugtuung für den Affront zu erhalten. Beunruhigt fragt sie sich, ob sie die Frau wirklich auf die Sache aufmerksam machen soll. Ist es das wirklich wert? Würde ein unangenehmer Wortwechsel folgen? Könnte der Vorfall dadurch eskalieren? Wenn sie sich nicht revanchiert, ist sie dann feige? Ja, Grobheit erzeugt Konflikte mit anderen, aber auch mit uns selbst, und Letzteres kann genauso schmerzhaft sein.

3. Denken Sie das Beste

> Wir müssen so höflich zu einem Menschen sein wie zu einem Bild, das wir in ein gutes Licht setzen wollen.
>
> *Ralph Waldo Emerson*

> Gastfrei zu sein vergesset nicht; denn dadurch haben etliche ohne ihr Wissen Engel beherbergt.
>
> *Paulus von Tarsus*

Ich habe diese Stelle über Engel und Fremde aus dem Brief des Apostels Paulus an die Hebräer immer als sehr bedeutungsvoll und poetisch empfunden.[1] Die offensichtliche Bedeutung ist klar: Der Apostel ermutigt die Gläubigen zu Großzügigkeit, weil vielleicht ein göttlicher Bote unter jenen, denen Gutes widerfährt, sein könnte. Wann immer ich an Paulus' bezaubernde Worte denke, sehe ich, wie eine weitere Bedeutung aus ihnen hervorsprießt, wie ein Zweig aus einem Baumstamm. Die zweite Botschaft lautet: Sei großzügig, weil – ob du dir dessen bewusst bist oder nicht – ein Funke von Göttlichkeit in all jenen ist, denen du Gutes tust. Sei großzügig zu dem Engel, der in jedem von uns ist. Mit anderen Worten: Denke das Beste von deinen Mitmenschen und handle danach.

Das Beste von anderen zu denken ist anständig und ein Weg, eine Quelle gesunder Unschuld in unserem Leben zu erhalten. Wenn wir uns anderen nähern und davon ausgehen, dass sie gut, ehrlich und einfühlsam sind, ermutigen wir sie, gerade so zu sein. Meine Energie und meine Begeisterung in meiner Rolle als Lehrer verdanke ich großenteils der Annahme, dass alle meine Studenten grundsätzlich gute Menschen sind, interessiert am Erwerb von Wissen und gewillt, hart zu arbeiten. Indem ich glaube, dass sie gut sind, will auch ich für sie gut sein. Ich fühle mich herausgefordert, ebenso herausragend wie sie zu sein. Mache ich mir etwas vor, wenn ich von ihnen das Beste annehme? Manchmal vielleicht schon. Aber was wirklich zählt, ist, dass fast alle an der Vorgabe wachsen und auf der Welle meines Vertrauens reiten. Indem ich das Beste von ihnen denke, werden sie durch den Vertrauensvorschuss, den ich ihnen gewähre, geformt. Sie werden zu dem, was ich von ihnen angenommen hatte. Das ist die größte Belohnung für einen Lehrer.

Sogar außerhalb des Hörsaals erwarte ich von jemandem, dem ich begegne, dass er sich eher als gut denn als schlecht entpuppt. Ich habe diese Einstellung schon mein ganzes Leben lang. Was ich aufregend finde, wenn ich eine neue Bekanntschaft mache, ist der Gedanke: *Vielleicht mache ich hier eine Entdeckung; vielleicht tritt jemand Liebenswürdiges in mein Leben.* Das ist es, was mir Freude schenkt: mögliche Herzensgüte. Ich schätze außerordentliche Intelligenz, ich kann dem Charme der Schönheit erliegen und von Charisma fasziniert sein. Aber wirklich berührt werde ich von Güte. Natürlich bin ich mir bewusst, dass nicht jeder, den ich treffe, ein Ausbund an Herzensgüte sein kann. Dennoch wette ich mit mir selbst, dass er nett zu mir sein wird. Ich denke, dass mein Wohlwollen eine unausgesprochene Herausforderung für ihn ist, und stelle mir vor, dass unsere Begegnung unser beider Leben bereichern wird.

Sind Sie zufrieden, der zu sein, der Sie sind, und damit, was Sie erreicht haben? Manchmal ist es Unzufriedenheit mit uns selbst, die uns andere ungerecht beurteilen lässt. Stellen Sie sicher, dass Sie die unangenehmsten Charakterzüge, die Sie bei sich selbst wahrnehmen, nicht auf andere übertragen. Finden Sie die Veränderungen angenehm? Sie finden es vielleicht schwierig, das Beste von anderen zu denken, wenn Sie sich bei einer neuen Entwicklung unwohl fühlen, zum Beispiel bei der Arbeit. Ob Sie es wollen oder nicht, Sie bekommen einfach im Büro einen neuen Chef oder einen neuen Kollegen. Fühlen Sie sich bedroht? Färbt dies ab auf Ihre Wahrnehmung der betroffenen Person? Stellen Sie ihn sich ohne Grund als Bedrohung vor? Werden Sie das Opfer einer sich selbst erfüllenden Prophezeiung?

Versuchen Sie, diese Person außerhalb der Situation zu beurteilen. Geben Sie ihr eine faire Chance. So machen Sie möglich, dass die Situation funktioniert.

Es gibt keinen Zweifel daran, dass das Beste von anderen zu denken ihre Lebensqualität verbessern wird. Unter anderem wird es Ihnen helfen, eine Beziehung zu Leuten herzustellen, die Ihnen sonst fremd geblieben wären. Aber geben Sie Acht, dass Sie es nicht übertreiben. Das Beste von anderen zu denken kann uns äußerst verletzlich machen. Ihr Optimismus sollte nicht unbedacht, sondern vielmehr mit gesundem Realismus verbunden sein. Eine positive Einstellung zu haben heißt nicht, jedem sein Leben anzuvertrauen. Ich wünschte, ich wäre so manches Mal in meinem Leben vorsichtiger gewesen. Dennoch bleibt das Beste von anderen zu denken ein wichtiger Teil dessen, was ich bin.

Seien Sie also erwartungsvoll, wenn Sie Menschen begegnen: Es wird Ihrer eigenen Seele gut tun und andere Seelen berühren. Lassen Sie gleichzeitig die Möglichkeit unangenehmer Überraschungen nicht außer Acht. Wenn Leute Sie im Stich lassen, urteilen Sie nicht vorschnell, aber lassen Sie den ernüchternden Vorfall auch nicht unbeachtet. So traurig es auch sein mag, akzeptieren Sie, dass Ihre Meinung und Ihre Gefühle sich verändern. Zu gegebener Zeit werden Sie vielleicht mit den Leuten, die Sie enttäuscht haben, über Ihre Unzufriedenheit sprechen wollen. Seien Sie offen. Wie auch immer die Reaktion auf Ihre Offenheit ausfallen wird, Sie können stets Trost in dem Gedanken finden, dass Sie ihnen die wertvolle Chance gegeben haben, etwas zu lernen, über sich, über Sie oder Sie beide.

Eine Bemerkung zu den fairen Amerikanern

Menschen aus anderen Teilen der Welt sind oft beeindruckt von der scheinbar grenzenlosen Bereitschaft der Amerikaner, anderen eine Chance zu geben. Dies ist ein typischer Charakterzug der Amerikaner, genau wie der Glaube an Freiheit und an die Rechte des Einzelnen. Was ist Amerika, wenn nicht ein Ort, an dem Menschen erwarten können, eine Chance zu bekommen; an dem der Zweifel für den Angeklagten spricht, wenn er unter Verdacht gerät; an dem er nach einem Absturz eine zweite Chance erhält? Dies sind alles Arten, das Beste von anderen zu denken. Als Europäer, der bereits seit langer Zeit in den Vereinigten Staaten lebt, bewundere ich noch immer diese Mischung aus Idealismus und radikaler Fairness in der amerikanischen Seele.

4. Hören Sie zu

Viele Konflikte in unserem Leben sind mit einer einfachen, aber traurigen Tatsache zu erklären: Wir hören einander nicht wirklich zu.

Michael P. Nichols

Vivian Gussin Paley erzählt die Geschichte von Dominick und Abby, zwei Fünftklässlern, die mit ihren Klassenkameraden ein Kunstmuseum besuchen. Die Museumsführerin macht die Kinder auf ein Kunstwerk aufmerksam, eine brennende vielfarbige Neonröhre:

«Was glaubt ihr, wollte der Künstler damit ausdrücken?», fragt sie die Kinder. Zuerst antwortet keiner, doch dann stellt ein Junge eine Tatsache fest. «Also, dies kann nicht in einem Haus stehen, wo es kein Licht gibt.» Bevor die Museumsführerin antworten kann, beugt sich die Lehrerin vor und flüstert. «Hör auf, so albern zu sein, Dominick.» Ein paar Kinder kichern.

Aber nicht das Mädchen neben ihm. Während mehrere andere Schüler versuchen, die Frage der Museumsführerin zu beantworten, spricht Abby leise mit Dominick. «Meinst du, bei jemandem, der arm ist und die Stromrechnung nicht bezahlt hat? Dass das Teil dann nicht funktionieren würde?»

Dominick nickt dankbar. «Ja, oder wenn man oben auf einem Berg wohnt», sagt er, «und es führen keine

Stromkabel nach oben. Dann können sie nur ein Bild davon haben, weißt du, aber nicht dieses Teil.» Die Lehrerin runzelt die Stirn über die beiden Kinder und sie hören auf zu reden. Aber sie sitzen aufrechter und mit verschwörerischem Blick da.[1]

Paley sieht Abbys Bemerkung ausgelöst durch den Impuls, Dominick aus der Verlegenheit zu befreien. Worauf sie hinauswill ist, dass Kinder wahrhaftig liebenswürdig sein können und dass sie mit dem Instinkt ausgestattet sind, denen in Not zu helfen. Sie fragt sich, ob die beiden Kinder die Bedeutung dessen ermessen können, was sie zusammen getan haben. «Sie haben», schließt sie, «einen Augenblick von gegenseitigem Respekt und Würde geschaffen, was in sich ein Kunstwerk ist.»

Abby versinnbildlicht eine gute Zuhörerin. Nachdem sie der Beobachtung ihres Freundes Aufmerksamkeit geschenkt hat, stellt sie sicher, dass sie ihn richtig verstanden hat. Sie stellt ihm eine Frage, die ihm erlaubt zu erklären, was er sagen wollte. Dies ist eine intelligente, liebenswürdige und höfliche Strategie des Zuhörens, eine, die viele Erwachsene entweder nicht beherrschen oder nicht praktizieren wollen. Wenn wir es schaffen, es Abby gleichzutun, zeigen wir unseren Mitmenschen, dass wir an ihren Worten und somit auch an ihren Gefühlen interessiert sind. Wir lassen sie wissen, dass wir nicht nur die Botschaft, sondern auch ihren Überbringer achten. Das ist die höchste Form des Zuhörens.

Was uns davon abhält, anderen gut zuzuhören, ist die Konzentration auf uns und unsere Bedürfnisse statt auf andere Menschen, wie zum Beispiel, wenn wir jemanden unterbrechen. Wir können nicht still (und ruhig) sitzen, wenn ein anderer spricht, weil wir das Verlangen haben, selbst im Rampenlicht zu stehen. Daher stoßen wir den anderen grob von der Bühne. Das ist Narzissmus, bei dem manchmal auch ein Streben nach Macht eine Rolle spielt. In einem Gespräch die Kontrolle zu übernehmen gibt uns das Gefühl, auch Kontrolle über die Rede unseres Partners zu haben.

Auch plötzliches Ablenken der Aufmerksamkeit ist eine Unterbrechung. Wenn Ihr Gesprächspartner seinen Satz beendet hat, ist dies kein Freibrief, ohne darauf einzugehen, eiligst den eigenen zu äußern. Unglücklicherweise ist dieses «Schwamm-drüber-und-weiter-im-Text» eins der verbreitetsten Muster bei Wortwechseln, sogar unter Freunden. Ich vermute, dass einige meiner Freunde auch mich dieser Gesprächssünde für schuldig befinden würden. Eine Kollegin erzählt mir am Telefon, dass sie in Florida in den Ferien war. Anstatt sie zu fragen, wie ihre Ferien gewesen sind, erzähle ich ihr schleunigst, was ich über Florida denke. Und füge noch schnell hinzu, was ich dort gerne mache, wenn ich dort bin. Und zum Schluss erzähle ich noch die faszinierende Neuigkeit, dass ich vor zwei Jahren dort war, aber im vergangenen Winter nicht, jedoch hoffe, kommenden Winter wieder hinzufahren. Das Ergebnis: Die Erlebnisse und Gefühle meiner Kollegin gehen in meinem nichtigen und egoistischen Geschwafel unter.

Dieses Muster des «Schwamm-drüber-und-weiter-im-Text» ist auch am Arbeitsplatz üblich, besonders unter ehrgeizigen Menschen. Beim Mittagessen in der firmeneigenen Kantine erzählt ein aufgeregter und stolzer Pedro, dass er es geschafft hat, einen Haken an der Marketingstrategie für die neue Software zu beseitigen, die ihre Firma bewirbt. David, sein Gesprächspartner, lässt Pedro kaum zu Ende berichten, als er auch schon das Gespräch auf seine eigene kürzliche Heldentat in der Zauberkunst des Programmierens umlenkt. Die Folge ist ein leises Ressentiment auf Pedros Seite. Ein gravierendes Vergehen? Vielleicht nicht. Aber ein klarer Fall von unsensiblem Verhalten, das – gefolgt von ähnlichen Verstößen gegen gutes Benehmen – möglicherweise die Beziehung zwischen den beiden Arbeitskollegen trüben könnte? Darüber besteht kein Zweifel.

Wir sind untaugliche Zuhörer, wenn wir zulassen, dass unsere eigenen Erlebnisse unsere Aufmerksamkeit, die wir dem gegenwärtigen Augenblick schenken sollten, beeinträchtigen. Zum Beispiel geschieht es oft, dass das, was wir über einen anderen schon wissen – oder zu wissen glauben –, unsere Wahrnehmung dessen überschattet, was er uns in just diesem Augenblick unter diesen einzigartigen Umständen erzählt. Weil wir Thea «kennen», «wissen» wir schon, was sie zur Verteilung des Budgets sagen wird, bevor sie den Mund öffnet. Warum also zuhören? Und wir blenden vielleicht Jasons Äußerungen aus, weil wir «wissen», dass er in unserem Komitee zum Renovierungsprojekt in der Nachbarschaft nie etwas Substanzielles beigetragen hat. In beiden Fällen sind wir nicht darauf vorbereitet, dem Gerechtigkeit widerfahren zu lassen, was Thea und Jason *jetzt* beitragen könnten.

Oftmals ist es aber nicht die Vergangenheit, sondern die Zukunft, die uns zu schlechten Zuhörern macht. Wenn wir in Gedanken bei der Zukunft sind, konzentrieren wir uns nicht auf den Sprecher, sondern mehr auf das Ergebnis des Wortwechsels. Wir räumen der Verfolgung unserer eigenen Ziele die absolute Priorität ein. Wenn Sie mir von einer schmerzhaften Erfahrung erzählen würden, hätten Sie das Vertrauen, dass ich diese Information nicht zuerst zu meinem Vorteil gebrauchen würde. Sie würden uneigennützige Aufmerksamkeit erwarten und hierfür dankbar sein.

Nun schlage ich keinesfalls vor, dass wir in Zukunft unsere vergangenen Erfahrungen außer Acht lassen und uns der Verfolgung jeglicher persönlichen Ziele enthalten, wenn wir mit anderen interagieren. Das wäre nicht nur unmöglich, sondern auch unklug. Ich meine aber, dass wir als Zuhörer eine Verpflichtung haben, uns nur auf das Zuhören zu konzentrieren, *bevor* wir irgendetwas anderes tun.

Gutes Zuhören basiert auf drei primären Komponenten. Wenn Sie zum Zuhören bereit sind: Stellen Sie sich auf das Zuhören ein. Zeigen Sie, dass Sie zuhören. Seien Sie ein interessierter Zuhörer.

- *Stellen Sie sich auf das Zuhören ein:* Haben Sie nichts anderes im Sinn, als zuzuhören. Nehmen Sie sich ganz bewusst vor, gezielt zuzuhören. Sagen Sie sich selbst: *Ich werde jetzt* zuhören; *jetzt ist die Zeit,* nur *zuzuhören*; *ich werde mir* die Zeit nehmen *zuzuhören.* Schweigen ist hier – selbstverständlich – das Mittel zum Zweck.

  Zuhören bedeutet vor allem schweigen können, so dass ein anderer sprechen kann. Entdecken Sie die Macht und den Reiz der Stille wieder – Ihrer Stille und derjenigen der Welt um Sie herum. Da Sie der anderen Person Ihre ungeteilte Aufmerksamkeit schenken wollen, beseitigen Sie alle Ursachen für Ablenkungen. Stellen Sie den Fernseher und das Mobiltelefon ab. Vertreiben Sie schließlich Ihre nächsten Besorgungen und Verabredungen aus Ihren Gedanken. Denken Sie daran, dass Sie sich auf die Gegenwart konzentrieren wollen.
- *Zeigen Sie, dass Sie zuhören.* Sie wollen Ihr Gegenüber wissen lassen, dass Sie das Zuhören ernst nehmen. Su-

chen Sie Blickkontakt und nicken Sie gelegentlich. Werfen Sie kurze Ausdrücke ein, die zeigen, dass Ihre Gedanken nicht umherwandern, und ermutigen Sie den Sprecher fortzufahren: «Ja», «Genau», «Ich verstehe», «Das wusste ich nicht», «Aha». Ab und zu möchten Sie vielleicht in Ihren eigenen Worten die Botschaft Ihres Gesprächspartners wiedergeben, um sicherzugehen, dass Sie verstanden haben, auf was sie oder er hinausmöchte. «Ich weiß überhaupt nicht, was ich machen soll», sagt Mia zu ihrer Freundin Teresa. «Ich habe meine Tochter ihr Leben lang angespornt und sie selber ihre Entscheidungen treffen lassen. Ich dachte, es würde ihr Selbstbewusstsein stärken. Und ich dachte, sie wäre ausgeglichen. Aber jetzt ist sie trotzig und außer Rand und Band. Sie schnauzt mich ständig an, es sei ihr Leben und sie wisse selber, was gut für sie sei. Vielleicht hätte ich strenger mit ihr sein sollen. Alles, was ich im Augenblick noch weiß, ist, dass ich wirklich besorgt bin.» Dies ist der Zeitpunkt für Teresa, kurz noch einmal darzulegen, was sie gehört hat: »Alice ist rebellisch, was dazu führt, dass du dich als Mutter hinterfragst. Glaubst du wirklich, das Problem ist, dass du ihr nicht genügend Strukturen und Disziplin gegeben hast?»

• *Seien Sie ein aktiver Zuhörer.* Teresa beeilt sich nicht, ihrer Freundin beizupflichten oder ihr zu widersprechen. Sie zeigt einfach, dass sie die anliegenden Probleme verstanden hat, und lädt Mia sanft ein, den Blick darauf zu richten. «Kann es sein», fährt sie fort, «dass Alice gerade aus Gründen, die du nicht kennst, eine schwierige Phase durchmacht?» Während Mia den «Es ist meine Schuld»-Gedanken nachhängt, mag sie dennoch herausfinden wollen, ob etwas anderes als sie in ihrer Funktion als Mutter der Schlüssel für den Aufruhr ihrer Tochter sein könnte. Es gibt einen Punkt, an dem Zuhören zu einer regelrechten Zusammenarbeit wird. Aktives Zuhören heißt, das Wesentliche vom Unwesentlichen zu unterscheiden. Es soll dazu dienen, dem Gesagten Form und Richtung zu geben, und gleichzeitig helfen zu verstehen, was der Betreffende sagen will, nicht nur mit Worten, sondern auch mittels Körpersprache. Interessiertes Zuhören hat mit dem Stellen der richtigen Fragen zu tun (insbesondere mit offenen Fragen, wie «Was hältst du davon?» – «Was gibt es für Alternativen?» – «Was, denkst du, würde helfen?»). Und es hat damit zu tun, dass man aufhört, bevor man sich zu sehr einmischt. Das Ziel Ihrer Fragen soll sein, dem Sprecher zu einer größeren Klarheit zu verhelfen, nicht Ihre eigene Neugier zu befriedigen.

Äußern Sie die Meinung, die Sie sich aufgrund des Gesagten gebildet haben, nur wenn Sie ganz sicher wissen, dass Ihr Gesprächspartner dies von Ihnen erwartet und Sie sich wohl dabei fühlen. Dieselbe Regel gilt auch für Ratschläge.

Nicht jeder Wortwechsel verlangt denselben Grad an Konzentration. Gutes Zuhören bedeutet harte Arbeit. Da unser Vorrat an Energie begrenzt ist, ist es weise, sie klug einzusetzen. Lassen Sie uns nie vergessen, dass die Qualität unseres Zuhörens ebenso ein Maß für unsere Menschlichkeit ist wie jedes andere.

Jeder Mensch möchte, dass ihm jemand zuhört. In einer Kultur, die eitle Selbstdarstellung glorifiziert, finden wir es vielleicht schwierig, geduldig den Worten eines anderen zuzuhören. Es mag uns zunächst nicht so vorkommen, aber wenn wir die Kraft zu rücksichtsvollem Zuhören finden, drücken wir uns in Wirklichkeit selbst aus.

5. Beziehen Sie andere ein

Wir benötigen verschiedene Menschen, um uns herauszufordern, uns zu ermutigen, uns zu fördern und vor allem um uns zu helfen, Größe zu erlangen.

Glenn Van Ekeren

Das große Geheimnis, Eliza, ist nicht, gute oder schlechte Manieren oder überhaupt Manieren zu haben, sondern die gleichen Manieren jeder menschlichen Seele gegenüber zu haben. Kurzum, sich zu benehmen, als sei man im Himmel, wo es keine Abteile dritter Klasse gibt und eine Seele so gut wie die andere ist.

George Bernard Shaw

Während einer Italienreise hatte Carol ein angenehmes und lebhaftes Essen mit ihren neuen italienischen Bekannten. Sie waren eine enge Clique und luden sie ein, einen weiteren Abend mit ihnen zu verbringen. Carol kam ihnen langsam näher. Sie sprachen alle Italienisch, da Carol, deren Muttersprache Englisch war, die einheimische Sprache gut beherrschte. Nur ab und zu entging ihr eine Pointe.

Mauro sagte etwas sehr Komisches sehr schnell. Alle Italiener lachten über seinen Scherz, und Carol lachte mit. Noch bevor ihr Lachen verklungen war, wandte sich Mauro ihr zu und sagte streng auf Englisch: «Warum lachst du, wenn du doch kein Wort verstanden hast?» Carols Lachen wurde zu einem dünnen Strich, und sie sah ihn an, als wolle sie etwas erwidern. Vielleicht als Folge der spontanen Entscheidung, dem Tisch die gute Laune nicht zu verderben, drehte sie sich einem anderen Freund zu, als wäre nichts geschehen. Aber einige Freunde bemerkten, dass Carol nach diesem Vorfall etwas bedrückt war. Für sie hatte der Abend seinen Glanz verloren.

Ein Fehltritt in Sachen Höflichkeit kann alles andere als trivial sein, wenn wir ihn vom Empfänger her betrachten. Es ist leicht, gedankenlos einem anderen Menschen einen glücklichen Augenblick zu verderben. Es kommt bei unserem Beispiel nicht darauf an, ob Carol Mauros Scherz verstanden hat. Vielleicht hatte ihr Lachen wenig mit dem Scherz zu tun und war nur ein Ausdruck ihres Glücks, mit den neuen Freunden zusammen zu sein. Vielleicht wollte sie nicht ausgeschlossen sein. Es *war ihr ein Bedürfnis*, mit den anderen zu lachen. Mauro hätte dieses Bedürfnis akzeptieren sollen, statt ihre Aufrichtigkeit und ihre Sprachkompetenz in Frage zu stellen. Gut, sein Einspruch mochte nicht ganz ernst gemeint sein – eine Einladung zu leichtem Geplänkel. Das Resultat jedoch war, dass Carol sich in ihrer Außenseiterrolle bestätigt sah. Was immer er auch gemeint haben mochte, die Aussage für sie war: *Du gehörst hier nicht hin, du bist keine von uns und hier nicht willkommen.*

Eines unserer größten Bedürfnisse ist es, von anderen akzeptiert zu werden. Wir lieben es, von Menschen freundlich aufgenommen zu werden, und wir freuen uns, einer Gruppe anzugehören. Ein Teil unserer Identität wird durch und innerhalb von Gruppen geformt. In unseren Gruppen finden wir Schutz, Sinn und Orientierung, daher sind Haltungen und Worte, die andere ausschließen, selten komisch. In den meisten Fällen tun sie weh.

Sollte es uns in unserem Alltagsleben nicht erlaubt sein, Grenzen zu ziehen? Natürlich sollte es das. Wir schulden es uns und anderen, unsere Privatsphäre gut zu umreißen und zu schützen. Aber wir sollten sorgfältig vermeiden, andere aus Eigennutz oder Kleinlichkeit auszugrenzen. Andere einzubeziehen bedeutet, das Prinzip des Respekts vor dem anderen auf alle anzuwenden. Wenn es an der Zeit ist, Respekt und Rücksichtnahme für andere zu zeigen, sollten wir aufhören, wählerisch zu sein.

Bewusste Respektverweigerung ist eine gängige Waffe in den Machtspielen von Männern und Frauen jeden Alters.

> «Keiner von uns möchte mit Mike spielen. Er ist solch eine Nervensäge, aber wenn der Trainer uns sagt, wir sollen uns einen Partner fürs Doppel suchen, dann wählst du immer Mike. Keiner will mit Mike spielen. Warum du?» Der dritte Junge antwortet leise: «Gerade *darum* will ich mit ihm spielen.»
>
> *Edward M. Hallowell, Children in Greenwich*

Wenn ich Gymnasiasten bitte, mir Beispiele für unhöfliches Verhalten zu geben, ist «jemanden schneiden» immer unter den ersten ernsthaften Regelverstößen, die genannt werden. Sie erzählen mir von Kameraden, die willkürlich andere im Gespräch ignorieren oder vom Tisch in der Schulkantine aufstehen, wenn jemand sich zu ihnen setzt, den sie nicht mögen. Und dann gibt es noch den immer wiederkehrenden Schmerz: nicht beliebt, wohlhabend oder «in» genug zu sein, um zu den schillernden Treffen der Reichen und Schönen eingeladen zu werden.

Auch der Arbeitsplatz, wo Macht, Stellung und Geld auf dem Spiel stehen, ist ein Nährboden für Cliquenbildung. Obwohl Loyalität zu einer Abteilung, einem Team oder einer Gruppe produktiv sein kann, ist eine Cliquenmentalität auf lange Sicht von Nachteil für die Mitarbeiter und das Unternehmen. Sich mit einer Gruppe zu identifizieren, kann gut sein, solange wir willens sind, mit Außenstehenden zu arbeiten. Es kommt immer ein Punkt, an dem man vom Konkurrenzdenken auf Zusammenarbeit umstellen muss.

Es gibt viele Möglichkeiten, wie man andere am Arbeitsplatz einbeziehen kann: vom Versuch, produktiv mit jemandem zusammenzuarbeiten, den man nicht mag, bis zum Einbeziehen eines Neuankömmlings in unserer Mitte. Wie viele von uns machen schon den Versuch, einem neuen Kollegen den Einstieg zu erleichtern?

Kein Arbeitsmarkt der Welt ist so vielfältig wie der amerikanische. Eine Arbeitskultur mit einer alle einbeziehenden, höflichen Offenheit ist heute eindeutig im Interesse der meisten amerikanischen Unternehmungen. Dies ist die Kultur der Zukunft, die es allen Unternehmen in der globalen Zivilisation des neuen Jahrtausends erlauben wird, zu prosperieren. Machen wir den Versuch, denen näher zu kommen, die anders sind als wir und auf die wir uns normalerweise nicht einlassen. Geben wir ihnen eine Chance, indem wir ihnen so vorurteilsfrei wie möglich begegnen, mit ehrlichem Respekt und auf liebenswürdige Art.

Wenn wir älter werden, suchen wir oft Sicherheit in Gleichförmigkeit. Statt uns nach Entdeckungen zu sehnen, fliehen wir ins Vertraute. Es ist fast eine Pflicht uns und anderen gegenüber, wenigstens gelegentlich der Versuchung eines allzu routinierten Lebens zu widerstehen.

Die Anstrengung zu unternehmen, unsere Bekanntschaften und Erfahrungen zu erweitern und zu verstehen, was wir entdecken, ist nicht nur zivilisiert, es ist auch klug.

Die alles einschließende Geisteshaltung: Eine Liste mit Vorschlägen

- Überprüfen Sie Ihre Abneigungen neu. Sind alle gerechtfertigt? Oder sind Sie ein Gefangener Ihrer Gewohnheit und Trägheit? Ist eine Veränderung überfällig?
- Versuchen Sie mit jemandem, den sie nie mochten, ein Gespräch zu führen.
- Überwinden Sie sich und verbringen Sie ein paar Minuten mit jemandem, den Sie immer uninteressant fanden.
- Haben Sie mehrere Zuhörer, wenden Sie sich nicht nur einem oder zweien zu, während Sie die anderen behandeln, als seien sie Luft.
- Wählen Sie bei einem gesellschaftlichen Anlass Gesprächsthemen, an denen sich alle beteiligen können. Vergewissern Sie sich, dass sich niemand ausgeschlossen fühlt. Wenn Sie zufällig jemandes Interessen kennen, der schüchtern und zurückhaltend ist, lenken Sie das Gespräch in diese Richtung.
- Fassen Sie den Inhalt eines Gesprächs für einen Neuankömmling zusammen.
- Wenn Sie für das Teamwork verantwortlich sind, ermuntern Sie alle Mitglieder des Teams, sich zu beteiligen.
- Wenn Sie sich spontan mit einem Kollegen in der

Kantine zum Mittagessen verabreden, schließen Sie alle Anwesenden mit ein.

- Wenn Sie mehr als eine Sprache sprechen, benutzen Sie diejenige, die alle Anwesenden sprechen. Nutzen Sie Ihre Sprachfähigkeiten nicht, um mit einigen zu kommunizieren, während andere ausgeschlossen werden. Dies gilt selbstverständlich sowohl für das Privat- wie für das Berufsleben.
- Erleichtern Sie einem neuen Nachbarn, sich einzuleben, indem Sie vorbeigehen und ihn willkommen heißen.
- Begrüßen Sie ein neues Familienmitglied: «Willkommen in der Familie.»
- Heißen Sie den neuen Kollegen, der gerade in die Stadt gezogen ist, willkommen. Nehmen Sie sich Zeit und zeigen Sie ihm oder ihr Dinge, die es ermöglichen, sich besser in der neuen Umgebung zurechtzufinden.
- Entwickeln und zeigen Sie Interesse an anderen Kulturen als Ihrer eigenen. Es ist nicht notwendig, dass Sie jedem und allem bis in alle Einzelheiten begeistert zustimmen. Es ist höflich, verschiedene Sitten und Werte mit Offenheit zu betrachten. Jedoch sollte niemand erwarten oder verlangen, dass Sie diese Sitten und Werte zu Ihren eigenen machen.

6. Äußern Sie sich freundlich

> Ein freundliches Wort ist selten vergebens, während witzige Bonmots sich so schnell wie die Perlen einer zerrissenen Kette verlieren.
>
> *George Prentice*

> Ein freundliches Wort ist wie ein Frühlingstag.
>
> *Russisches Sprichwort*

Sich rücksichtsvoll und freundlich zu äußern gehört zum Kern von höflichem Benehmen. Um dies zu tun, sollten Sie sich ständig bewusst sein, dass Sie mit lebenden, atmenden und verletzlichen Menschen sprechen. Unterschätzen Sie nie die Macht Ihrer Worte. Der Gedanke, dass sie unnötig Verletzungen oder Unbehagen erzeugen, sollte jedes Gespräch durchdringen. Wenn Sie mit anderen Menschen freundlich sprechen, sind Sie in der Lage, an Ihre Gesprächspartner zu denken – was nichts anderes bedeutet, als die *eigenen* Bedürfnisse, zumindest für eine Weile, in Schach zu halten. Wenn Sie sich freundlich äußern, verbessern Sie das Leben für Ihre Umwelt. Ihre liebenswürdigen Worte können andere inspirieren, ihnen aus ihrer Verzweiflung helfen und sie mit dem Leben versöhnen. Oder sie wecken zumindest die Lebensgeister und machen den Tag erträglicher für sie.

Vergewissern Sie sich, dass Sie überhaupt etwas sagen müssen. Manchmal kann Schweigen liebenswürdiger und rücksichtsvoller als Worte sein. Wenn Sie sprechen, leisten Sie einen aufrichtigen Beitrag zu dem Wortwechsel, an dem Sie teilnehmen. Bringen Sie das Gespräch voran? Erweitern Sie es mit einem guten Beispiel aus Ihren persönlichen Erfahrungen? Fügen Sie dem Gespräch eine neue, gewinnbringende Perspektive hinzu? Wenn ja, dann sind Ihre Worte eindeutig besser als Schweigen. Und dann sind Sie auch freundlich, weil Sie nicht die Zeit des anderen verschwenden, sondern sie oder ihn mit einer kooperativen Geisteshaltung ansprechen.

Lassen Sie sich ein paar Sekunden Zeit, um herauszufinden, welchen Beitrag die Umstände verlangen. Tauschen Sie nur zu zweit Informationen aus? Oder erwartet die andere Person unterstützende Worte oder bittet sie Sie um Rat? Wenn Sie sich nicht sicher sind, fragen Sie, um die Bedürfnisse oder Erwartungen des anderen zu klären. Sie möchten schließlich nicht, dass Missverständnisse Ihr Gespräch von Anfang an trüben.

Sprechen Sie langsam, so dass man Sie leicht versteht; versuchen Sie, Ihren Standpunkt so klar wie möglich darzulegen, und vermeiden Sie Nebensächliches. Halten Sie inne, nachdem Sie Ihren Punkt vorgebracht haben, damit der andere antworten kann. Erbitten Sie einen Beitrag, wann immer Sie es für angebracht halten. Mit der sorgfältigen Wahl Ihrer Worte und Formulierung Ihrer Sätze werden Sie dem anderen und auch sich selbst gerecht. Sich klar auszudrücken ist keinesfalls gleichbedeutend mit aalglatt, anmaßend oder arrogant sein. Sich freundlich zu äußern sollte nie zu einer narzisstischen Darbietung werden.

Mäßigen Sie stets Ihre Lautstärke, ungeachtet, wo Sie sich befinden oder mit wem Sie sprechen. Eine laute Stimme kann leicht verärgern, einschüchtern und sogar bedrohlich wirken. Schreien Sie nie jemanden an. Denken Sie daran, dass die Leute immer auf den Ton in Ihrer Stimme reagieren. Freundlichkeit ist ebenso sehr eine Frage des Tons wie der Worte. Wenn sich Ärger im Tonfall Ihrer Stimme zeigt, erklären Sie die Gründe für Ihre Gefühle so rational und gelassen wie möglich. Ja, Sie können durchaus verärgert sein und Ihren Ärger auch zeigen, gleichzeitig aber dennoch höflich bleiben.

Sollten Sie in einen Konflikt geraten, bleiben Sie fair: Sie schulden es sich selbst ebenso wie Ihren Opponenten. Äußern Sie nie unfreundliche Worte über deren Identität (Hautfarbe, Nationalität, Sexualität und Ähnliches) oder andere persönliche Aspekte, die für die anliegenden Streitpunkte grundsätzlich nicht relevant sind. Anstatt nach wunden Punkten Ausschau zu halten und mit einem Rundumschlag anzugreifen, versuchen Sie, direkt zum Kern des Themas vorzudringen. Während der gesamten Konfrontation sollten Sie nie die Menschlichkeit Ihrer Gegner aus den Augen verlieren. Widerstehen Sie der Versuchung, sie sich als gesichtslose Wesen vorzustellen, als namenlose Vertreter der «falschen Seite». Wie sehr Sie auch deren Ideen und Positionen ablehnen, versuchen Sie immer, ihnen wenigstens ein Quäntchen an mitfühlendem Verständnis entgegenzubringen. Das wird Sie einer auszuhandelnden Lösung näher bringen.

In höflicher Konversation ist kein Platz für Fluchen und Lästern. Viele Menschen finden es beunruhigend, dem ausgesetzt zu sein. Bestimmte Äußerungen brüskieren – manchmal recht schmerzlich – religiöse Empfindlichkeiten. Zudem wird eine mit Flüchen und vulgären Ausdrücken unterlegte Sprache als unschicklich, feindselig und beleidigend empfunden. Obwohl Sie persönlich vielleicht wenig gegen eine solche Ausdrucksweise einzuwenden haben, sollten Sie doch auf Andersdenkende Rücksicht nehmen und dies grundsätzlich unterlassen.

Bringen Sie nie jemanden in Verlegenheit, beschämen Sie niemanden. Respekt vor dem anderen verlangt, dass man ihn nicht zur Zielscheibe sarkastischer Bemerkungen macht, seine oder ihre Leistungen nicht schmälert und ihn nicht auslacht. All diese Verhaltensweisen sind erniedrigend oder aggressiv. Auf eine viel subtilere Weise gilt dies auch fürs Angeben. Prahlerei ist vielfach eine Leiter, die wir uns aus Worten errichten, wenn wir Angst haben, nicht groß genug geraten zu sein, um der Welt in die Augen zu schauen. Mit Angeben betonen wir, dass wir uns für überlegen halten. Oder einfach gesagt, Prahlen ist nicht liebenswürdig. Und übrigens, es gibt *kein Recht* auf Angeberei.

Denken Sie nach, bevor Sie etwas sagen. Eines Ihrer Hauptanliegen sollte sein, dass Ihre Worte freundlich sind und auch so aufgefasst werden. Mit freundlichen Worten errichten Sie ein Schutzgebiet aus Vernunft und Vertrauen, in dem Sie andere für die dringend benötigte Verschnaufpause willkommen heißen. Wenn Sie es schaffen, diese Art des Sprechens zu einem Teil Ihrer selbst zu machen, wird sich die Qualität Ihrer Beziehungen entscheidend verbessern und damit auch die generelle Qualität Ihres täglichen Lebens.

Freundlichkeit in der Körpersprache

Lächeln Sie. Viele Menschen glauben, dass sie, wenn sie lächeln, nicht ernst genommen werden und insbesondere im Beruf die Kontrolle aufgeben. Meiner Meinung nach hat ein gutes, aufrichtiges Lächeln am rechten Platz wenig Nachteile. Damit zeigen Sie, dass Sie Selbstvertrauen besitzen, entspannt und offen für Kontakte sind und dass Sie Ihrem Gegenüber Vertrauen entgegenbringen. Haben Sie also keine Angst zu lächeln, und sei es auch nur, um jemandem den Tag zu erhellen.

Wenn Sie Ihrem Gesprächspartner Gesicht und Körper zuwenden, zeigen Sie, dass Sie sich auf die Kommunikation ganz einlassen. Vermitteln Sie Ihr Interesse an dem, was Ihr Gegenüber zu sagen hat, indem Sie sich vorbeugen (und sei es auch nur ganz leicht). Gelegentliches leichtes Kopfnicken zeigt, dass Ihre Aufmerksamkeit nicht nachlässt und Sie verstehen. Die beste Art, Interesse und Übereinstimmung zu bekunden, ist wahrscheinlich anhaltender Blickkontakt und das Abstimmen Ihres Gesichtsausdrucks auf das, was die Person sagt. Die Hand oder den Arm Ihres Gegenübers zu berühren, während Sie zuhören oder sprechen, kann ebenfalls angemessen sein.

Wie wichtig Körpersprache ist, wurde mir vor ein paar Jahren in einem Hochsicherheitsgefängnis in Maryland klar. Einer der Insassen kam auf mich zu, um nach einem Workshop über Höflichkeit mit mir zu sprechen. Er wollte mir erzählen, wie viel ihm ein Erlebnis, das sich einige Stunden zuvor ereignet hatte, bedeutete. «Wissen Sie, wie Sie reagiert haben, als ich so mir nichts, dir nichts auf Sie zukam, um mich vorzustellen?», fragte er. Ich erwiderte, ich wisse es nicht. «Anstatt zu erstarren oder zurückzuweichen, haben Sie sich vorgebeugt, um mit mir zu reden. Sie wussten es nicht, aber es war ein Test. Und Sie haben den Test bestanden.»

7. Äußern Sie sich nicht negativ

> Niemand klatscht jemals über die heimlichen Tugenden anderer Menschen.
>
> *Bertrand Russell*

«Deine neue Lehrerin ist eine sehr nette Frau, du wirst sie mögen.» – «Wir haben gestern Abend so ein nettes Paar kennen gelernt.» – «Die Leute in diesem Büro sind nett, Sie werden sich hier wohl fühlen.» Auch wenn sich unsere Werte in einer Phase dramatischer Änderungen befinden mögen, äußern wir immer noch täglich diese traditionellen (und tröstlichen) Charakterbeurteilungen. Im Großen und Ganzen ist das Erste, das Wichtigste und Bestimmende, was wir über unsere Mitmenschen wissen wollen, ob sie nett sind. In vielen Fällen wird dieses Nettsein natürlich nicht hinterfragt, weil wir alle mehr oder weniger wissen, was es bedeutet. Manchmal fühlen wir uns jedoch gezwungen, einen außergewöhnlichen Charakterzug bei der fraglichen «netten» Person auszumachen. Ein solch besonderer Zug ist die Fähigkeit, durchs Leben zu gehen, ohne sich über andere negativ zu äußern. «Er ist ein sehr netter Mann. Ich kenne ihn schon mein ganzes Leben lang und *ich habe nie gehört, dass er über jemanden nur ein schlechtes Wort verloren hat.*» Wahrscheinlich haben Sie selbst auch schon gelegentlich jemanden auf diese Weise charakterisiert. Ich weiß, dass es mir so ergangen ist und dass es mir eine große Genugtuung wäre, wenn sich jemand so über mich äußern würde.

Warum äußern wir uns negativ über andere?

- Wir sind uns über den eigenen Wert so unsicher, dass wir das alles andere als schmeichelhafte Bild, das wir von uns selbst haben, auf andere übertragen.
- Wenn wir bei anderen Fehler entdecken, die wir selbst nicht zu haben glauben, fühlen wir uns gut.
- Wenn wir mit anderen konkurrieren, können wir uns manchmal des Gefühls nicht erwehren, dass wir im Kontrast glänzen, wenn wir sie schlecht machen.
- Es ist weniger anstrengend und schmerzlich, auf die – realen oder imaginären – Probleme anderer Menschen hinzuweisen, als zu versuchen, die eigenen zu lösen.
- Wir rächen uns, indem wir die klein machen, die uns Unrecht getan haben.
- Wir versuchen unsere eigene Position in der Gruppe zu stärken, indem wir zeigen, dass wir in ein wenig schmeichelhaftes Geheimnis über jemanden eingeweiht sind. Gleichzeitig fühlen wir uns mächtiger, weil wir, wenn wir nicht schweigen, beträchtlichen Schaden verursachen können.
- Wenn wir jemanden, der nicht anwesend ist, schlecht machen, versuchen wir mit den Anwesenden eine Art Komplizenschaft zu bilden. Uns tröstet die Vorstellung, dass die Anwesenden gut sind und die Abwesenden schlecht, und sie vermittelt uns den Eindruck, dass wir so die Beziehung zu unserer Umwelt stärken können.

Heute bietet das Internet ein neues Forum für verbale Attacken. Elektronische Anschlagbretter am Arbeitsplatz werden seit geraumer Zeit von Angestellten dazu genutzt, unangebrachte und verletzende Bemerkungen auf Kollegen abzufeuern. Die Anonymität des Internets ist allzu oft eine unwiderstehliche Versuchung für Beleidigte und Klatschbasen. Viele scheinen das Internet als einen ethikfreien Raum zu betrachten, einen Raum, in dem die herkömmlichen Regeln alltäglichen Anstands nicht gelten. Aber ein anonymer Brief bleibt ein anonymer Brief, egal, durch welches Medium er verschickt wird. Ein anonymer Brief, ob im Computerzeitalter oder in den alten Bürotagen, ist und bleibt inakzeptabel. Benutzen Sie die elektronischen Medien am Arbeitsplatz verantwortungsvoll und professionell und ausschließlich für Ihre Arbeit. Und denken Sie daran, dass Anonymität bei den neuen Informationstechnologien oft nur eine Illusion ist.[1]

Warum wir uns nicht negativ über andere Menschen äußern sollten:

- Wenn wir über andere abschätzig reden, verletzen wir sie. Wir verletzen immer ihren Ruf und auch ihre Gefühle, wenn sie später von unseren Worten erfahren.
- Abschätzige Bemerkungen über X könnten für einige als Genehmigung gelten, Beleidigungen über ihn loszulassen.
- Es ist feige, Abwesende anzugreifen. Sie können sich nicht verteidigen, und der Angreifer kommt mit unrichtigen Darstellungen, Übertreibungen und Lügen davon.
- Diejenigen, die uns zuhören, könnten uns dafür verurteilen, dass wir Unfreundliches über andere äußern. Wenn wir den Ruf anderer gefährden, riskieren wir auch den eigenen.

• Wenn wir schlecht über andere sprechen, können wir bei unseren Zuhörern Unbehagen oder sogar Wut hervorrufen. Man muss nicht selbst das Ziel unfreundlicher Worte sein, um sich betroffen und verletzt zu fühlen.
• Unsere abschätzigen Worte über X könnten X dazu veranlassen, sich zu rächen, und zwar nicht nur verbal. Die Möglichkeit, dass die Dinge eskalieren, besteht immer. Tatsache ist, dass viele Gewalttaten ihren Ursprung in unhöflichen Handlungen hatten.

Wie verhalten wir uns, wenn sich jemand in unserer Gegenwart schlecht über andere äußert? Je nach Situation können wir wie folgt reagieren:

• Wir verlassen den Raum.
• Wir schweigen (insbesondere wenn die abschätzigen Äußerungen eher kurzlebig und milder Art sind).
• Wir sagen etwas Positives über das abwesende Opfer oder wechseln das Gesprächsthema.
• Wir teilen dem Täter offen mit, dass wir uns nicht wohl fühlen und nicht willens sind, bei diesem Spiel mitzumachen: «Wissen Sie, ich möchte das nicht diskutieren.» – «Ich ziehe es vor, keine Vermutungen über sein Privatleben anzustellen.» – «Es scheint mir nicht fair, über die Anschuldigungen in ihrer Abwesenheit zu sprechen.»

Ich finde es schwierig, abschätzigen Gesprächen zuzuhören. Tatsächlich ist es so, dass ich oft in Gedanken abschweife, um über Y und mich nachzudenken, anstatt den schlechten Dingen zuzuhören, die Y über X zu sagen hat. Ich selbst könnte das Opfer dieser üblen Nachrede sein. Mein Glück ist, dass ich anwesend bin, während X das Pech hat, nicht da zu sein. Morgen bereits könnten die Rollen vertauscht sein, mit mir in der Rolle des Opfers.

Ist Y nicht bewusst, dass ich ihn wegen des Gesagten gering schätze? Macht es ihm nichts aus, seinem eigenen Ruf zu schaden? Dann wiederum fällt mir jedoch auf, dass auch ich mich nicht ganz davon freimachen kann, schlecht über andere zu sprechen. Obwohl ich Wert darauf lege, was andere über mich denken, habe ich es noch nicht ganz geschafft, unfreundliche Bemerkungen aus meinem Gesprächsrepertoire zu streichen. Mein einziger Trost ist, dass ich diesem Ziel erste Priorität einräume.

Ich bitte Sie eindringlich, es auch zu versuchen. Wenn die Leute sich daran gewöhnen, dass Sie nur positiv oder wertneutral über andere Menschen sprechen, werden sie keine Angst mehr haben, Ihnen näher zu kommen und sich zu öffnen, weil sie sicher sind, dass Sie sie nicht hintergehen werden. Ihr Lohn sind wertvolle Beziehungen, die es sonst nicht geben würde.

Making nice

Weil Englisch nicht meine Muttersprache ist, bin ich fasziniert von dem Ausdruck *make nice*. Es ist eine Redewendung, die man für Kinder benutzt, die sich gestritten haben. Es bedeutet so viel wie «Nun kommt schon, vertragt euch, seid lieb, schließt Frieden».

Aber *make nice* ist etwas, worüber ich immer noch nachdenke. Der Ausdruck beschreibt etwas, wofür etwas getan werden muss, etwas, das nicht einfach so da ist oder von irgendwoher kommt, sondern erarbeitet werden muss. Gute soziale Interaktionen verlangen eine freiwillige Anstrengung, einen Willensakt. Ein Teil der Befriedigung, die wir aus dem Praktizieren von Höflichkeit gewinnen, hat mit der Energie zu tun, die wir investieren. «Lieb sein» ist etwas, das wir aktiv tun. In welcher Form es sich auch immer manifestiert, es ist stets ein kleiner Triumph über sturen und festgefahrenen Stolz, moralische Abgestumpftheit und simple, dumpfe Trägheit.

8. Nehmen Sie Lob an und loben Sie andere

> Das am tiefsten in der menschlichen Seele verwurzelte Prinzip ist das Verlangen, geschätzt zu werden.
>
> *William James*

> Ich kann zwei Monate von einem schönen Kompliment leben.
>
> *Mark Twain*

Im Mittelalter wurde die Verleihung von Lob als ein Vorrecht der Großherzigen betrachtet – der Edlen im Herzen. Es war damals – so wie heute – offensichtlich, dass das Lob, das wir anderen geben, einer Überwindung des Selbst entspringt. Die Neigung, aufrichtiges Lob (im Gegensatz zu Schmeichelei) zu geben, ist weiterhin der einnehmendste Charakterzug des Höflichen.

Als Kinder haben wir alle es geliebt, von den Eltern, den wichtigsten Menschen in unserem Leben, gelobt zu werden. Wir waren hingerissen von ihrer Aufmerksamkeit und badeten im Sonnenschein ihrer Bestätigung und Anerkennung. Für uns war das Lob der Eltern Ausdruck ihrer Liebe und der Beweis, dass wir dieser Liebe wert waren – eine wahrlich berauschende Mischung. In den ersten entscheidenden Jahren unseres Lebens solcherart bestärkt, vergeht uns nie der Appetit auf Lob.

Andere Personen zu loben ist jedoch nicht immer einfach. Ein Hauptgrund dafür ist, dass wir meinen, auf Kontrolle zu verzichten, wenn wir loben. Je öfter wir uns jedoch dazu überwinden, desto weniger verletzbar fühlen wir uns. Mit der Zeit erreichen wir den Punkt, an dem wir glücklich sind, wenn wir mit unserem Lob andere glücklich machen.

Hier sind einige gute Gründe, um diese großzügige Form der Aufmerksamkeit zu verschenken, die ein Lob bedeutet.

- Wenn wir mit anderen teilen, was wir über sie denken, geben wir auch etwas über uns preis und stärken dadurch die Bindung.
- Wenn wir zu jemandem sagen: «Was du machst, ist großartig», ermutigen wir ihn, dies auch weiterhin zu tun. Auf diese Weise leisten wir einen kleinen Beitrag dazu, dass etwas Großartiges fortgeführt wird.
- Viele Menschen wissen nichts über die eigenen Talente und realisieren vielleicht nicht, wie außergewöhnlich diese sind. Mit unserem Lob enthüllen wir unseren Mitmenschen, wer sie sind.
- Durch Lob stärken wir das Selbstbewusstsein des anderen, was ein entscheidender Faktor für emotionales Wohlbefinden ist.

Experten in Sachen Benehmen haben über die Jahrhunderte hinweg Regeln aufgestellt, wie mit Lob umzugehen ist. Sie sprechen allerdings eher von «Komplimenten», eine Kategorie, die alle möglichen Arten von Lob – vom ernsthaften bis zum trivialen – einschließt. Ein Kompliment, so schreiben sie, ist ein Geschenk, das man mit der schlichten Höflichkeit eines festen und aufrichtigen «Danke» entgegennehmen sollte. Allzu oft fügen wir eine abwehrende Bemerkung hinzu («Oh, ich bin nicht sicher, ob das wirklich so gut war»). Eine solche Reaktion auf Lob ist fast wie ein Geschenk zurückgeben, das wir nicht mögen. Auf der anderen Seite sollten wir nie nach mehr als dem erhaltenen Lob heischen oder ein Kompliment vergrößern («Ich war gut, und wissen Sie was? Ich werde jeden Tag besser»). Sollten wir aus Versehen Komplimente bekommen, die anderen zustehen, geben wir diese selbstverständlich weiter.

Das A und O von Komplimenten

- Machen Sie kein Kompliment, das Sie nicht aufrichtig meinen.
- Halten Sie kein Kompliment zurück, weil Sie der Ansicht sind, Ihre Meinung sei hinlänglich bekannt.
- Verwechseln Sie Komplimente nicht mit gönnerhafter Herablassung.
- Erwidern Sie ein Kompliment nicht eiligst. Dadurch vermitteln Sie den Eindruck, dass es Ihnen schwer fällt, damit umzugehen und dass Sie sich nun der Verpflichtung bei erster Gelegenheit entledigen möchten.
- Formulieren Sie Ihre Komplimente sorgfältig. Die Personen, denen sie gelten, werden dann wissen, dass Sie sich ernsthaft Gedanken über sie gemacht haben, und sich umso mehr über die Wertschätzung freuen. Bemühen Sie sich, konkreter zu werden, wenn es angemessen erscheint. «Eine sehr gute Präsentation!», ist ein schönes, treffendes Kompliment. Aber manchmal meinen wir: «Ich bin beeindruckt. Ich habe schon lange niemanden mehr gehört, der die einzelnen Punkte so

klar, logisch und kraftvoll dargelegt hat. Besonders bewundert habe ich …»

• Stellen Sie sich eine bestimmte Person vor. Sie müssen nicht immer auf *etwas* warten, das Ihnen ein Kompliment wert erscheint. Konzentrieren Sie sich auf *jemanden* und fragen Sie sich: Warum verdient diese Person meine Anerkennung?

• Wir haben selten die Gelegenheit, jemanden zu etwas wirklich Wichtigem zu beglückwünschen. Warum dann nicht nach etwas Geringerem Ausschau halten? Sie können jemanden glücklich machen, indem Sie seinen Sinn für Wein, Tapeten, Schuhe oder Autos bewundern.

• Glenn Van Ekeren hat eine Liste mit einfachen Formulierungen erstellt, die uns helfen, Lob und Anerkennung auszusprechen, zum Beispiel am Arbeitsplatz. Hier ist eine Auswahl: «Ich schätze, wie Sie …» – «Danke, dass Sie sich so ins Zeug gelegt haben, als …» – «Unser Team wäre nicht so erfolgreich ohne Ihre …» – «Sie haben großartige Arbeit geleistet …» – «Ich bewundere, dass Sie sich die Zeit nehmen, um …» – «Sie haben ganz klar das Zeug zum …» – «Was für eine tolle Idee!» – «Es war eins a, wie Sie …»[1]

Komplimente am Arbeitsplatz

Komplimente über gut gemachte Arbeit sind Teil einer gesunden Kultur am Arbeitsplatz. Meinungsumfragen zeigen immer wieder, dass Arbeitnehmer Anerkennung und Wertschätzung auf der Liste der Motivationsfaktoren am Arbeitsplatz am höchsten werten. So erstaunen die Statistiken des US-amerikanischen Arbeitsministeriums nicht, die zeigen, dass das Gefühl, am Arbeitsplatz nicht geschätzt zu werden, der Hauptgrund für Kündigungen ist. Die Bereitschaft zu loben und zu belohnen ist essenziell für Führungskräfte auf allen Ebenen und in allen Unternehmungen. Viele Manager heute sind harte, aber emotional lebendige Trainer, die jederzeit bereit sind, ihre Spieler zu motivieren, indem sie ausgezeichnete Arbeit ebenso wie außerordentlichen Einsatz loben.

Ein auf die Arbeit bezogenes, aufrichtiges und offenes Kompliment ist immer angebracht und willkommen. Komplimente, die sich nicht auf die Arbeit beziehen, sind oft problematisch. Es hat sich der Konsens herausgebildet, dass Komplimente bezüglich Kleidung und Aussehen nicht an den Arbeitsplatz gehören. Auch wenn Ihre Kollegin attraktiv oder gut gekleidet ist, behalten Sie es für sich. Das ist – neben vielen anderen Dingen – professionell und schützt vor Missverständnissen. Die nonverbale Kommunikation sollte dem natürlich folgen. Zweideutigkeiten und Anzügliches sind nicht erlaubt. Denken Sie daran, dass die unhöflichen, offensiven und koketten Torheiten von vorgestern heute am Arbeitsplatz kaum noch toleriert werden. Schließlich werden Sie nicht herausfinden wollen, wie demütigend und unwirksam die «Ich hab mir nichts dabei gedacht»-Verteidigung ist.

9. Respektieren Sie auch ein leises Nein

Respekt ist die wahrste Beziehung zum Menschsein.

Gilbert Keith Chesterton

Jemand hat Ihre Einladung ausgeschlagen, und Sie wollen das Nein nicht akzeptieren. Das ist keine gute Idee und dazu schlechter Stil, um es mild auszudrücken. Das Nein eines anderen zu akzeptieren ist eine der elementarsten und signifikantesten Regeln von Respekt. Verzichten Sie auf Rückfragen. Wenn jemand Ihre Einladung ablehnt, wirkt ein Nachfragen aufdringlich und anschuldigend. Stattdessen sagen Sie einfach: «Vielleicht ein andermal, wir würden uns über Ihren Besuch freuen.»

Ihre Kollegin hat wenig Interesse, zu einer Kollekte im Büro etwas beizutragen: Lassen Sie es auf sich beruhen. Ihr Gast ist Vegetarier und möchte nichts von dem Braten: Bestehen Sie nicht darauf, dass er ihn einfach mal probiert. Es ist spät und Ihre Bekannte möchte nicht mehr zum Tanzen gehen. Ihr impertinentes Drängen ist uncharmant. Sie können herzlich, begeistert und sogar enthusiastisch sein, ohne dass Sie zu einem Ärgernis werden.

Ein Nein zu akzeptieren ist der Schlüssel in Liebesdingen. Seien Sie realistisch in Ihren Erwartungen. Es ist durchaus möglich, dass die Person, auf die Sie ein Auge geworfen haben, sich nicht für Sie interessiert. Seien Sie bereit, dies zu akzeptieren. Sie beide mögen sich näher kommen und vielleicht sogar intim werden, oder eben auch nicht. Sicher jedoch ist, dass Sie als jemand in Erinnerung bleiben wollen, der ohne Zögern das Recht eines anderen auf Selbstbestimmung respektiert.

Lernen Sie ein Nein zu erkennen, auch wenn es nicht explizit geäußert wird. Wenn der Fremde im Flugzeug neben Ihnen dem Bildschirm seines Laptops mehr Aufmerksamkeit schenkt als Ihren Versuchen, ein Gespräch zu beginnen, ist das ein Nein, und Sie sollten es respektieren. Wenn Ihre Schwiegereltern von Ihren Plänen, die Kinder am Wochenende bei ihnen zu lassen, wenig begeistert scheinen, ignorieren Sie diese Hinweise nicht. Sie versuchen nur taktvoll Nein zu sagen. Akzeptieren Sie, dass Sie ihre Hilfe als selbstverständlich vorausgesetzt haben, entschuldigen Sie sich und machen Sie andere Pläne. Eines der fundamentalsten Prinzipien anständigen Verhaltens ist es, so viel Rücksicht auf andere zu nehmen, dass wir unsere Probleme nicht zu den ihren machen.

Immer wieder misslingt es uns, das Zögern anderer wahrzunehmen. Oder wir ignorieren es. Wenn dies geschieht, zwingen wir den anderen, das zu tun, was er nicht tun möchte, oder uns geradeheraus Nein zu sagen. Beides ist für die andere Person mit Verdruss verbunden, und das ist keineswegs höflich.

Warum ist es schwierig, ein Nein zu akzeptieren? Weil das Kind in uns, das zweijährige sture Kind, das alles nach seinem Kopf haben möchte, niemals ganz verschwindet. In vielen Fällen ist dies mit fehlendem Selbstbewusstsein verbunden. Ein Nein verstehen wir dann schnell als Zurückweisung unserer ganzen Person, was einer ernsten Bedrohung unseres Selbstbildes gleichkommt. Wir werden daher umso eher ein Nein von anderen akzeptieren können, je stärker wir zu uns selbst Ja sagen. Die Art und

Weise, wie wir andere behandeln, hängt von der Gesundheit unseres Selbstwertgefühls ab.

Gutes Benehmen statt Beleidigungen

Meinen Sie, dass es besser ist, sich gut zu benehmen, auch wenn das heißt, seine wahren Gedanken zu verbergen? Oder ist es besser, das zu sagen, was man wirklich denkt, auch wenn man sich dabei schlecht benimmt? Diese Frage stammt nicht von mir. Sie stammt aus einem Fragebogen von *ABC News*, der vor ein paar Jahren verteilt wurde, um herauszufinden, wie Amerikaner über gute Manieren im Allgemeinen und den Zustand guter Manieren in den Vereinigten Staaten im Besonderen denken. 56 Prozent der Befragten fanden, es sei besser, sich gut zu benehmen, während 38 Prozent antworteten, es sei besser zu sagen, was man denkt.[1]

Die Zahlen sind interessant und eigentlich ermutigend. Aber die Formulierung der Frage selbst ist ebenso interessant. Einerseits verbindet sie gutes Benehmen mit etwas Negativem (dass man nicht ausspricht, was man denkt), andererseits schlechtes Benehmen mit etwas Positivem (dass man seine wahre Meinung kundtut). Diese durchaus übliche Vorgehensweise, um die Philosophie des Benehmens abzustecken, ist in der Tat nicht ganz unberechtigt. Ich frage mich jedoch, wie das Resultat aussehen würde, wenn nicht Verschleierung, sondern Zurückhaltung und Selbstkontrolle mit gutem Benehmen in Verbindung gebracht würde, und mit schlechtem Benehmen nicht Aufrichtigkeit, sondern Beleidigungen und Maßlosigkeit. Zweifellos würden die Zahlen dann noch ermutigender aussehen.

Wir brauchen mehr gutes Benehmen, um unsere Lebensqualität zu verbessern. Aber wir werden nur dann eine Zunahme erleben, wenn wir eine neue Sprache entwickeln, um darüber zu reden. Eine neue Sprache, die der älteren und der jüngeren Generation die Relevanz von gutem Benehmen vermittelt. Ein Training in guten Manieren ist ein Training in Einfühlungsvermögen. So wird gutes Benehmen zu einem wertvollen Mittel im Kampf gegen viele Missstände, die uns heute belasten, einschließlich der Gewalt. Auf diese Weise kann es uns gelingen, einen Schatz an Weisheit wieder zu entdecken, den unsere Gesellschaft offensichtlich braucht.

10. Respektieren Sie die Meinung anderer

> Wären alle Menschen außer einem einer Meinung und nur ein einziger gegenteiliger Meinung, hätte die gesamte Menschheit nicht mehr Recht, den einen zum Schweigen zu bringen, als der eine die Menschheit.
>
> *John Stuart Mill*

Die Meinung anderer zu respektieren ist Teil einer noch umfassenderen Art von Respekt: ein Respekt für die Person als Ganzes, den wir beim Erwachsenwerden entwickeln sollten. Respekt vor anderen Meinungen ist keine einfache Kunst. Man benötigt Selbstachtung, Selbstkontrolle, Einfühlungsvermögen, Toleranz, Fairness und Großzügigkeit. Dies gilt sowohl für geäußerte Meinungen als auch für unausgesprochene.

Es gibt mindestens zwei Arten der Respektlosigkeit aufgrund dessen, was andere denken. Eine ist, ihnen zu sagen, dass ihre Meinungen verrückt, dumm, nutzlos oder Ähnliches seien. Die andere Art von Respektlosigkeit zeigen wir, wenn wir annehmen, dass unsere Meinung auch die ihre ist. Die Meinung anderer zu respektieren bedeutet nicht, sich selbst untreu zu werden. Wir müssen nur erkennen, dass andere Menschen das Recht haben, die Welt anders zu sehen. Daher dürfen sie erwarten, dass wir unvoreingenommen zuhören, wenn sie uns ihre Betrachtungsweise mitteilen, also mit uns teilen.

Was wir glauben, ist ein Teil von uns. Darum tendieren

wir dazu, Kritik an unseren Meinungen als Zurückweisung aufzufassen. Eine abwertende und ablehnende Haltung kann in einem solchen Fall das Ende des Dialogs bedeuten. Deshalb sollten wir die Regeln des höflichen Widerspruchs befolgen:

- Retten Sie den Kern der Aussage des anderen, selbst wenn Sie Vorbehalte haben: «Ja, was Sie sagen, mag im Allgemeinen zutreffen, doch gibt es Umstände, unter denen …»
- Auch wenn Sie nicht zustimmen, sollten Sie anerkennen, dass das, was Sie hören, nicht unvernünftig ist: «Die Idee hat tatsächlich etwas für sich, aber …»
- Gestehen Sie ein, dass Sie durchaus Ihre Meinung ändern könnten, wenn Sie mehr darüber wüssten: «Ich weiß nicht, es scheint mir nicht richtig zu sein, aber vielleicht ist nicht alles offensichtlich.»
- Gebrauchen Sie großzügig die Metapher der Perspektive: «Ja, aber wenn Sie es aus einer anderen Sicht betrachten …»

All dies sind Formulierungen des qualifizierten Widerspruchs, die in den meisten Fällen dem totalen Widerspruch vorzuziehen sind. Mit ihrer Hilfe werden Sie Wortgefechten in der Regel die Spitze nehmen. Wenn Sie die fragliche Meinung jedoch abstößt, sagen Sie es frei heraus: «Tut mir Leid, aber ich glaube, das ist falsch.» – «Ich muss dem widersprechen, ich finde diese Meinung beleidigend.» – «Wissen Sie, das geht gegen meine Prinzipien.»

Die Art, wie wir reagieren, wenn wir nicht zustimmen, sollte davon abhängen, wo und mit wem wir zusammen sind und was wir tun. Jemand argumentiert, dass mehr öffentliche Gelder an Privatschulen verteilt werden sollten, eine Meinung, die Sie nicht teilen. Bei einem Elternabend oder einer Stadtversammlung können Sie sich die Zeit nehmen, um detailliert und kraftvoll dagegen zu argumentieren. Als geladener Gast an einem Diner jedoch mögen Sie sich dafür entscheiden, dieses Thema lieber zu ignorieren. Oder Sie können kurz umreißen, warum Sie dem nicht zustimmen, und sich einem weniger kontroversen Thema zuwenden. Mit anderen Worten, Sie werden das Verlangen, Ihre Überzeugungen zu äußern, mit der Rücksichtnahme auf die unbeschwerte Gesellschaft, für die Ihr Gastgeber so hart gearbeitet hat, abwägen wollen. Im Allgemeinen ist ein Mahl, jedes Mahl, ein ungeeigneter Ort für eine politische Debatte.

Viele Menschen äußern sich so, als würden ihre Meinungen von allen geteilt. Diese Annahme mag ihren Ursprung in einem schlichten Mangel an Einfühlungsvermögen haben, oder sie kann eine bewusste, wenn auch versteckte Art sein zu sagen: «Wenn Sie nicht so denken wie ich, dann sollten Sie Ihre Meinung ändern. Und zwar schleunigst.» Auf jeden Fall ist es eine Schikane. Sie unterstützen den politischen Kandidaten X und seinen Plan zur Kontrolle der industriellen Luftverschmutzung, der von Kandidat Y abgelehnt wird. Widerstehen Sie der Versuchung, Ihrem Kollegen in der Kantine zu erklären: «X wird haushoch gewinnen. Die Leute können nicht so dumm sein, dass sie Ys Machenschaften nicht durchschauen.»

Selbstverständlich könnte ein Anhänger von Y und seiner Politik am Tisch sitzen. Sie haben ein Recht auf Ihre politischen Vorlieben, aber andere haben das Recht, sie höflich vorgetragen zu bekommen.

Wir sind alle irgendwann einmal ein Opfer der Annahme, dass wir die Meinung des anderen teilen. Mir geschieht es immer wieder, dass ich in das alte, ausgeleierte Spiel der Fernsehschelte hineingerate. Es findet sich immer jemand, der denkt, es sei an der Zeit, mich daran zu erinnern, wie schrecklich und schädlich das Fernsehen für mich und den Rest der Menschheit ist. Dies wird als auf der Hand liegende Wahrheit präsentiert, der jeder mit einem Hauch von Verstand zustimmt und die darum nicht weiter reflektiert werden muss. Von mir wird erwartet, dass ich mit einem untröstlichen Kopfschütteln in das Klagelied einstimme.

Wann immer ich den Klagen und dem Wettern der «Fernsehen ist Schrott»-Kohorten ausgesetzt bin, fühle ich mich unweigerlich unwohl. So seltsam es klingen mag, ich glaube, dass es gute Programme im Fernsehen gibt. Tausende von Männern und Frauen, die in dem Bereich arbeiten, verdienen Besseres als die Anklage, Schrott zu produzieren. Aber all dies geht am Thema vorbei. Was ich nicht mag, ist die ungebetene Aufnahme in einen Club, dem ich nicht beitreten möchte. Wer nach der Maxime «Ich bin sicher, Sie sind einer von uns» handelt, denkt für uns und zieht nicht in Betracht, dass wir eine andere Meinung haben könnten. Dies ist, in Ermangelung eines besseren Wortes, ungehörig.

Wer eine andere Meinung hat, mag sich zurückhalten, diese kundzutun, um die Harmonie des Gesprächs nicht zu stören. Oder er zieht es vor, den Gesprächspartner lieber nicht herauszufordern, weil er sich von ihm eingeschüchtert fühlt. Er ist sich bewusst, dass er sich den Anschein gibt, Ihre Meinung zu teilen, was er in Wirklichkeit ja gar nicht tut, und ist vielleicht frustriert. Schonen Sie ihn. Präsentieren Sie Ihre Meinung als eine Meinung, nicht als transzendentale Wahrheit. Lassen Sie Raum für Widerspruch. Laden Sie zu einem Feedback ein. Zu den höflichsten Äußerungen aller Zeiten gehört die einfache, schlichte und intelligente Frage «Und was denken *Sie*?» Setzen wir sie großzügig ein. Wer weiß? Vielleicht erkennen wir sogar, dass unsere Meinung gar nicht so fundiert ist, wie wir dachten, und es an der Zeit ist, sie zu ändern und unseren Horizont zu erweitern.

11. Achten Sie auf Ihren Körper

Höflichkeit ist mehr als nur eine geistige Angelegenheit … Höflichkeit muss auch verkörpert werden, muss gezeigt werden im sorgfältigen Umgang mit der eigenen körperlichen Gegenwart.

Donald McCullough

Wir wollen anziehen, nicht abstoßen.

Peggy und Peter Post

Seit ich mich näher mit Höflichkeit beschäftige, wundere ich mich immer wieder, auf wie viele Arten wir uns und unserer Umwelt gegenüber Respekt erweisen können. Auf unseren Körper zu achten ist eine davon und sicherlich nicht die geringste. Wir wissen alle, dass wir auf andere Menschen körperlich abstoßend wirken können. Dies kann am Aussehen unseres Körpers liegen, an der Art, wie wir riechen, und an dem, was wir mit ihm und an ihm machen. Daher müssen wir uns mit der Höflichkeit des Körpers vertraut machen, die mit guter Pflege beginnt. Wenn wir sorgsam auf unseren Körper und unser Aussehen achten, nehmen wir uns selbst ernst. Wir finden, dass wir Beachtung verdienen, und handeln danach. Weil wir zu uns selbst gut sind, zeigen wir, dass wir andere ebenfalls wichtig finden. Oberstes Ziel der Aufmerksamkeit, die wir unserer Körperpflege widmen, ist es, uns auf der Bühne des täglichen Lebens von unserer besten Seite zu zeigen, unsere Gegenwart den anderen so angenehm wie möglich zu machen.

Grundvoraussetzung für eine gepflegte Erscheinung sind ein sauberer, geruchsfreier Körper, frisch gewaschenes Haar, gepflegte Finger- und Fußnägel, eine glatte Rasur, ein gut aufgetragenes Make-up (sofern man welches benutzt), saubere Zähne und ein frischer Atem. Ebenso grundlegend sind saubere und gebügelte Kleidung, gut gepflegte Schuhe, Socken ohne Löcher und Strümpfe ohne Laufmaschen. Gute Pflege ist einfach gute «Wartung». Übrigens erwartet man diese Pflege – inklusive Make-up – von uns auch im Privatleben. Leider ist das Klipsen von Fingernägeln am Arbeitsplatz und im öffentlichen Verkehr heute recht verbreitet. Horrorgeschichten von Unhöflichkeiten am Arbeitsplatz berichten sogar vom Zähneputzen am Trinkbrunnen.

Erbringen Sie Ihren Mitmenschen zuliebe kleine Opfer in Sachen Pflege. Wenn Sie an einer Fahrgemeinschaft beteiligt sind oder mit dem öffentlichen Verkehr zur Arbeit fahren, verzichten Sie auf schwere Parfüms oder Rasierwasser. Sie wollen ja ihre Mitreisenden nicht überwältigen. Überhaupt sollte man bei Parfüm an jene denken, die es nicht mögen oder darauf allergisch reagieren. Vergewissern Sie sich, dass Ihr Parfüm niemanden am Arbeitsplatz stört.

Nach vielen Stunden der Teamarbeit im Büro möchten Sie sich vielleicht in der Pause entspannen. Nehmen Sie Rücksicht und benutzen Sie ein Mundwasser, bevor Sie zurückkehren.

Bei Ihrem nächsten Arzttermin wird man Sie vielleicht nackt untersuchen müssen. Wenn Sie sich nach einem Arbeitstag nicht mehr frisch fühlen, gehen Sie vorher nach Hause, um gründlich zu duschen. Falls dies nicht möglich sein sollte, waschen Sie sich – so gut es geht – in der Toilette im Büro. Und machen Sie sich im Kopf eine Notiz, dass Sie Ihre Verpflichtungen in Zukunft besser koordinieren wollen.

Es ist Samstagmorgen und Sie planen, nicht den ganzen Tag unterwegs zu sein. Müssen Sie sich wirklich rasieren? *Müssen* Sie sich wirklich die Haare waschen? *Müssen* Sie frische Unterwäsche anziehen, auch wenn dies bedeutet, dass Sie zuvor ganze Ladungen waschen müssen, weil Ihr Schrank leer ist? Vielleicht *möchten* Sie sich ja rasieren, die Haare waschen und saubere Unterwäsche tragen, weil Sie sich sonst nicht wohl fühlen. Aber Sie benötigen vielleicht einen kleinen Schubs. Wenn es Ihnen schwer fällt, sich nur für sich selbst zu pflegen, tun Sie es für Ihre Mitbewohner. Niemand ist Ihnen längere Zeit körperlich näher als ihr Lebensgefährte, Ihre Ehefrau und Ihre Familie. Ihre Körperpflege sollte zu dem Vergnügen beitragen, mit Ihnen zusammen zu sein. Befreien wir uns von der weit verbreiteten Vorstellung, dass wir in der Öffentlichkeit gut gepflegt sein sollten, dass gegen ein wenig Nachlässigkeit im Privatleben jedoch nichts einzuwenden sei. Denn dies ist Teil der umfassenderen Vorstellung, gutes Benehmen dürfe man grundsätzlich im Umgang mit seinen Liebsten vergessen. Aber das Gegenteil ist der Fall, höflich zu ihnen zu sein ist die konkreteste Art, unsere Liebe zu zeigen.

Wenn wir gut gepflegt sind, erleben wir oft ein physisches und psychisches Wohlgefühl. Wir sind glücklich und fühlen uns wohl. Wenn dem so ist, sind wir bestens bereit für unsere Mitmenschen, wir behandeln sie besser und werden unsererseits besser behandelt.

Über die Körperpflege hinaus

Die Höflichkeit guter Körperfürsorge beinhaltet mehr als nur gute Pflegegewohnheiten. Hier sind einige Dinge, denen wir im Umgang mit unserem Körper ebenso Beachtung schenken sollten:

- Halten Sie Ihre unruhigen Hände in sicherer Distanz zu Mund, Ohren und Nase. Auch wenn Sie sich nach dem Essen «alle Finger schlecken», ist es nicht erlaubt, diese Redensart vor den Augen Ihrer Tischnachbarn in die Tat umzusetzen, Sie riskieren gerechtfertigte Anflüge von Ekel. Wenn Ihre Finger vom Essen klebrig sind, wischen Sie sie an der Serviette ab oder waschen Sie sich die Hände. Benutzen Sie nie die Finger, um etwas aus Ihren Zähnen zu klauben. Was Sie brauchen, ist eine Zahnbürste und ein Waschbecken. Stecken Sie sich nicht den Finger ins Ohr, um dort etwas einzusammeln. Wenn Sie sich die Ohren reinigen müssen, benutzen Sie Wattestäbchen oder Ähnliches in den eigenen vier Wänden Ihres Badezimmers. Stecken Sie nie den Finger in die Nase, man kann überall schlicht und einfach die Nase mit einem Taschentuch putzen. Eine intensivere Reinigung macht man zu Hause. Wenn Sie sich schnäuzen müssen, tun Sie dies schnell und unauffällig. Und sehen Sie sich das Ergebnis nicht hinterher im Taschentuch an, als ob – um ein lebendiges Bild aus Höflichkeitstraktaten des Mittelalters und der Renaissance zu gebrauchen – Sie Perlen und kostbare Steine erwarteten, die Ihrem Hirn entfallen sind.
- Halten Sie den Mund beim Kauen stets geschlossen. Dies heißt selbstverständlich auch, dass Sie nicht gleich-

zeitig kauen und sprechen sollten. Machen Sie beim Essen keine Geräusche mit dem Mund. Kein Schlürfen, kein hörbares Kauen, kein Schmatzen.[1] Halten Sie die Hand vors Gesicht, wenn Sie gähnen, husten oder niesen müssen. Die beste Art, mit einem Niesen umzugehen, ist jedoch ein Taschentuch.

- Schniefen und grunzen Sie nicht, und geben Sie auch keine anderen unangenehmen und lästigen Geräusche mittels Nase oder Rachen von sich.
- Suchen Sie eine Toilette auf, wenn Sie in Ihrem Inneren Winde plagen. Und waschen Sie sich immer gut die Hände, bevor Sie die Toilette verlassen.
- Spucken Sie niemals aus. Achten Sie darauf, beim Sprechen nicht zu spucken. Wenn Sie länger reden (bei einer Präsentation zum Beispiel), wischen Sie sich unauffällig von Zeit zu Zeit mit einem Taschentuch den Mund ab. So können Sie entfernen, was sich in den Mundwinkeln festsetzt.
- Kratzen Sie sich niemals und kauen Sie keine Fingernägel.

Über die Goldene Regel hinaus

> Wenn ich etwas, das ein anderer für mich tut, für angemessen oder auch nicht angemessen halte, erachte ich es aus denselben Überlegungen heraus für angemessen oder eben nicht angemessen, dass ich es für jemand anderen tue. Dies abzulehnen oder nicht zu befolgen käme der Behauptung gleich, zwei und drei ergebe fünf, drei und zwei dagegen nicht.
>
> *Samuel Clarke*

Ich gab meinen sechs Studenten den Startschuss. Als sie sich über ihre Abschlussexamen beugten, war das leise Rascheln von Papier das einzig hörbare Geräusch im Raum. Dann schniefte einer meiner Studenten, Chris. Und dann schniefte er noch einmal, laut und deutlich. Und noch einmal. Nachdem ich ein paar Minuten in der Hoffnung gewartet hatte, es würde von irgendwoher ein Papiertaschentuch aufkreuzen, war ich in einem Dilemma. Auf der einen Seite wollte ich meiner Klasse eine Störung ersparen, deren Ende nicht abzusehen war. Es bedeutete, dass ich Chris bitten musste, mit dem Hochziehen aufzuhören. Auf der anderen Seite wollte ich ihn auch nicht verletzen. Nach einer Weile hatte ich eine Idee, die mir damals ausgezeichnet vorkam. Ich würde Chris einen kleinen Tipp geben. Ich ging auf die Herrentoilette, wo ich fand, was ich brauchte. «Sie scheinen eine starke Erkältung erwischt zu haben, vielleicht hilft Ihnen das», flüsterte ich, als ich zurückkam, und stellte auf die Armlehne seines Stuhles einen Becher Wasser und ein Papierhandtuch. Chris dankte mir, leerte den Becher und betupfte höflich den Mund mit dem Papiertuch, von dem ich gehofft hatte, dass er es für etwas anderes benutzen würde. Das Versagen meines Winks entbehrte nicht der Komik, aber es machte mich auch nachdenklich. Mir wurde sogleich bewusst, wie ich mit dieser kleinen Krise hätte umgehen sollen. Ich hätte Chris bitten sollen, mir in den Vorraum zu folgen, wo ich ihn mit allem mir zur Verfügung stehenden Takt und außer Hörweite der anderen Studenten gebeten hätte, sich die Nase zu putzen. Doch abgesehen davon erkannte ich eine ernsthafte Lektion in diesem dummen Vorfall.

Ich kannte Chris. Es war nicht so, dass er gleichgültig die Konzentration seiner Kommilitonen störte. Er war freundlich und rücksichtsvoll. Wäre ich offen zu ihm gewesen, wäre er rot angelaufen und hätte mit dem Schniefen sofort aufgehört. Ihm war das Schniefen einfach nicht bewusst, oder es kam ihm nicht in den Sinn, dass es ein Problem war. Das Schniefen anderer hätte ihn vermutlich auch nicht gestört. All dies ließ mich über die Goldene Regel nachdenken.

Dass wir andere behandeln sollen, wie wir gerne selbst behandelt werden möchten, ist die Grundlage jeglichen ethischen Denkens, heute ebenso wie vor Tausenden von Jahren. Die Goldene Regel funktioniert in vielen Fällen gut, weil wir alle die gleichen Grundbedürfnisse und Vorlieben haben. Wir mögen es, wenn andere gastfreundlich sind, und es macht Sinn, auch zu ihnen gastfreundlich zu sein. Wir mögen es nicht, Opfer übler Nachrede zu werden, also klatschen auch wir nicht bösartig. Wir mögen es, wenn man aufrichtig zu uns ist, also ist es klar, dass Lügen schlecht ist. Und so weiter. Aber wir haben auch Maßstäbe und Empfindlichkeiten, die von denen der anderen abweichen. Ich kann mich von Dingen (wie zum Beispiel Schniefen) gestört fühlen, die Sie vielleicht nicht einmal bemerken würden – und umgekehrt. Die Goldene Regel besagt, wie wir einander gerecht behandeln, aber weil sie von subjektivem Empfinden abhängt, ist sie nicht immer ganz verlässlich. Wir sollten lernen, andere Menschen auch mit ihren eigenen Regeln zu respektieren. Das bedeutet – um ein letztes Mal auf mein Beispiel zurückzukommen –, wir sollten wissen, dass unser Schniefen einen anderen nerven kann, auch wenn wir das nicht so empfinden. Wenn wir unsere Aufmerksamkeit nach den Maßstäben der anderen erweitern, erweitern wir den besten Teil unserer Seele. Wir sind immer dann am besten, wenn wir einen Schritt über die Goldene Regel hinausgehen.

12. Seien Sie entgegenkommend

> Wenn du geliebt werden willst, liebe und sei liebenswert.
>
> *Benjamin Franklin*

> Ich möchte nicht, dass die Leute besonders angenehm sind, das erspart es mir, sie besonders zu mögen.
>
> *Jane Austen*

Kennen Sie Leute, die nicht in der Lage oder gewillt sind, ihre Bedürfnisse und Vorlieben auf die anderer Menschen abzustimmen, selbst ihrer engsten Freunde? Ich kenne welche, und ich bin sowohl fasziniert als auch abgestoßen von ihnen. Ich fühle mich aus denselben Gründen abgestoßen wie alle anderen Menschen auch: Chronische Neinsager sind ein mühsamer Haufen. Sie faszinieren mich, weil sie mit ihrer eigenen Unbeugsamkeit so schwerelos umgehen. Ich bin das Gegenteil davon, was wahrscheinlich ein Fehler ist. Ich fühle mich bei großen oder kleinen Konflikten unwohl und bin am glücklichsten, wenn ich mühelos zustimmen kann, besonders bei denen, die mir am nächsten stehen. Kompromiss ist keine anrüchige Vokabel in meinem Wörterbuch. Und ich bin unweigerlich verwirrt von jenen, die auf Konfrontation und Widerspruch aus sind. Ich rede hier nicht von politischem Widerspruch oder einem gerechtfertigten Kampf. Ich rede von der Neigung, die Wünsche anderer im täglichen Leben außer Acht zu lassen.

• Rachel, Taniyka, Ramona und Sally planen ihren monatlichen Frauenabend nach der Arbeit. Ein Konsens scheint sich nach ein paar Minuten Diskussion abzuzeichnen. Als Rachel ein neues Restaurant vorschlägt, das gute Besprechungen erhalten hat, wirft Ramona ein, dass auch sie von den wunderbaren marokkanischen Gerichten dort gehört hat. «Klingt aufregend», sagt Taniyka, «ich bin dabei.» Nun ist es an Sally etwas zu sagen. Doch obwohl sie nichts gegen marokkanische Küche hat, widerspricht sie der Wahl der anderen. Das Restaurant gefällt ihr nicht, weil man nicht im Freien essen kann. Ihre drei Freundinnen antworten, dass es noch zu früh dafür sei, und tatsächlich ist es recht kühl – und das marokkanische Restaurant hört sich wirklich toll an. Sally jedoch weiß, was sie will, und wird nicht nachgeben.

• An ihrem ersten Tag in Paris schließen sich Louise und ihr Mann, Herb, ihren guten Freunden Lana, Bob, Karen und John an, mit denen zusammen sie Ferien in Europa machen. «Zeit, ein paar Kirchen zu besichtigen», meint John. «Jemand interessiert?» Es stellt sich heraus, dass fast alle dafür sind. Nur Herb scheint nicht in der Stimmung für Kunst und Architektur zu sein. Er möchte lieber einen sportlichen Mantel kaufen. Obwohl Louise sich gern der Gruppe anschließen würde, ist es ihr wichtig, die Erlebnisse dieses Tages in Paris mit ihrem Mann zu teilen. «Warum gehen wir nicht alle zusammen heute die Sehenswürdigkeiten besichtigen», schlägt sie ihm vor, «und morgen gehe ich mit dir einkaufen?» Aber Herb scheint weder verstehen zu wollen noch zu können. Er wird seine Meinung nicht ändern, egal was alle anderen, einschließlich seiner Frau, wollen oder planen.

- Ted und Terrence sind Assistenten an einem geisteswissenschaftlichen College. Sie unterrichten beide zweimal in der Woche einen Anfängerkurs des Grundstudiums. Die letzten zwei Jahre hat Ted immer dienstags und donnerstags und Terrence montags und mittwochs unterrichtet. Sie haben sich an diese Routine gewöhnt und wollen auch in den nächsten Jahren dabei bleiben. Die schwierige Schwangerschaft von Teds Frau ändert jedoch alles. Nun wäre es für ihn angenehmer, den Kurs am Montag und Mittwoch zu übernehmen. Er erklärt Terrence die Situation und hofft, dass dieser mit ihm tauscht. Terrence sieht nicht ein, warum er seine Routine ändern soll. Er mag alles so, wie es ist. Warum soll er dafür bestraft werden, dass er alleinstehend ist? Seine Antwort lautet Nein.

Sally, Herb und Terrence haben natürlich ein Recht auf ihre eigenen Vorlieben. Man kann keinem den Vorwurf machen, sich falsch zu verhalten. Und doch würde ihnen etwas mehr Flexibilität gut zu Gesicht stehen. Man erwartet von uns nicht, dass wir den Vorlieben anderer in jedem Moment unseres Lebens zustimmen. Das wäre nicht höflich, sondern absurd. Jedoch verlangt Höflichkeit, dass wir zumindest den Versuch unternehmen, unsere Pläne mit denen anderer abzustimmen, es sei denn, es sprechen triftige Gründe dagegen. «Es sei denn» ist der Schlüssel: Einmal alle Jubeljahre zuzustimmen – und dann noch grummelnd – macht jemanden nicht zu einer einnehmenden Person.

Gespräche sind ein bedeutender Teil des Alltags, den wir mit umgänglichem Verhalten würdigen sollten. Respekt vor dem anderen erfordert grundsätzlich eine offene

Haltung für die Worte anderer. Das heißt auch, dass Widerspruch um des Widerspruchs willen als außerordentlich unhöflich vermieden werden sollte. Es gibt zwei grundlegende Qualitäten, die es zu kultivieren gilt, wenn man sich einnehmend verhalten möchte:

- Die Fähigkeit in Betracht zu ziehen, dass man auch Unrecht haben könnte.
- Die Fähigkeit zuzugeben, dass man etwas nicht weiß.

Es besteht zu jeder Zeit und in jeder Sache die Möglichkeit, dass Sie Unrecht haben und ein anderer Recht hat. Diese Möglichkeit sollten Sie im Kopf behalten. Wenn Sie merken, dass Sie tatsächlich im Unrecht sind, seien Sie stark und bekennen Sie dies offen. Seien Sie großzügig und ohne Ressentiments der Person gegenüber, die Recht hat. Das gleiche Bewusstsein und die gleiche Offenheit gelten für Unkenntnis. Wir sind nicht allwissend und dies erwartet auch niemand von uns. Also finden Sie sich mit Ihren Wissenslücken ab und geben Sie sie Ihren Gesprächspartnern gegenüber ruhig zu. Sich darin zu üben, die Möglichkeit des Unrechts oder Nichtwissens in Betracht zu ziehen, wird zu einem entscheidenden Wendepunkt für Ihre Beziehungen werden. Diese Grenzen bei sich zu akzeptieren wird Sie andere Menschen sehr viel schneller anerkennen lassen. Sie lernen zuzuhören statt zu reagieren, und Sie werden weniger angriffslustig und ablehnend, weniger skeptisch und dogmatisch sein.

Eines der wichtigsten Dinge, die Sie tun können, um Ihre Beziehungen – sowohl im Privatleben als auch im Beruf – zu verbessern, ist Zuhören in der Absicht zuzustimmen. Ich meine damit nicht, dass Sie allem, was gesagt wird, zustimmen *müssen*. (Lesen Sie auch meine Ausführungen zu «Behaupten Sie sich».) Aber ich möchte Sie bestärken, das zu suchen, dem Sie zustimmen können. *Konditionieren* Sie sich darauf, die Ähnlichkeiten zwischen Ihren eigenen Ansichten und denen anderer zu erkennen. Sehr oft tun wir gerade das Gegenteil: Wir betonen die Unterschiede, um unsere Unverwechselbarkeit herauszustellen und unsere Unabhängigkeit zu demonstrieren. Manchmal brauchen wir das, meistens aber nicht. Vielleicht fühlen wir uns gut dabei, ohne zu realisieren, dass wir unseren Gesprächspartner befremden. Aufgeschlossenheit ist ein guter Ausgangspunkt, um wertvolle Beziehungen aufzubauen. Darüber hinaus sollten wir uns Mühe geben, Berührungspunkte in den Abertausenden von Worten zu erkennen und zu fördern, die täglich an uns gerichtet werden.

Folgen Sie der jahrtausendealten Weisheit und wählen Sie Ihre Kämpfe selbst aus. Tragen Sie nur diejenigen aus, die absolut notwendig sind, und halten Sie sich von allen anderen fern. Denken Sie an all die Energie und die Nerven, die ein sinnloser Streit kostet! Fragen Sie sich: Will ich mich auf diesen Streit einlassen? Gibt es einen zwingenden Grund dafür? Bin ich dabei stark oder schwach? Verfechte ich eine gute Sache oder verteidige ich mich nur? Wir verstricken uns oft in Streitigkeiten, weil wir befürchten, dass ein anderer sonst besser dasteht – sicher nicht der nobelste aller Gründe. Also, zeigen Sie Stärke und lassen Sie andere glänzen. So sind Sie einnehmend.

Wir brauchen Übereinstimmung in unserem Leben, weil sie befriedigend und heilend ist, weil menschliche Bindungen nicht ohne Übereinstimmung geschmiedet werden können und weil sie das Fundament sozialer Harmonie ist. Natürlich kann Widerspruch produktiv sein. «Eine kleine Rebellion – hin und wieder – ist eine gesunde Sache», meinte Thomas Jefferson.[1] Mit Widerspruch allein können wir nicht überleben. Unter den gewöhnlichsten Umständen – zu Hause, bei der Arbeit, in der Schule, im Lebensmittelladen, im Restaurant, im Einkaufszentrum, in der Bibliothek, in der Kirche, im Bus, beim Arzt oder in einem überfüllten Aufzug – können wir einen Lichtblick im Leben anderer (und in unserem eigenen) setzen, nur weil wir freundlich sind. Einnehmend zu sein ist eine zentrale Art von Freundlichkeit. Reiche Belohnung erwartet den, der es ist.

Ja sagen zu Höflichkeit

Eine andere Art, einnehmend zu sein, ist Höflichkeit zu bejahen. Wenn wir anderen erlauben, anständig zu sein – und daher angenehm – tun wir ihnen Gutes. Wann immer es möglich ist, lassen Sie uns Ja (und danke) sagen, wenn uns andere Beachtung, Freundlichkeit und Rücksichtnahme schenken. Wenn wir dies annehmen, belohnen wir den Gebenden. Wir lehnen oft freundliche Angebote ab, weil wir dem anderen keine Unannehmlichkeiten bereiten wollen, weil wir einen ausgeprägten Stolz besitzen oder weil es uns an Selbstbewusstsein mangelt (wir glauben, diese Aufmerksamkeit nicht zu verdienen), oder weil wir denken, wir verlören die Kontrolle. Aber genau wie wir Freundlichkeiten benötigen und schätzen, hat der andere das Bedürfnis, sie zu geben.

Während Sie Ihrem Freund «Auf Wiedersehen» sagen, gibt er Ihnen seinen nicht benötigten Regenschirm mit.

Nehmen Sie ihn ruhig an, auch wenn Sie meinen, Ihr Regenmantel sei als Schutz vor dem Nieselregen völlig ausreichend. Sie gehen mit dem Hund an einem heißen Sommertag spazieren und tauschen ein paar Worte mit einem älteren Nachbarn, der sich im Garten ausruht. Er bietet eine Schale Wasser für Ihren hechelnden Hund an. Nehmen Sie ruhig an, auch wenn Sie praktisch schon zu Hause sind. Sich um einen durstigen Hund zu kümmern und ihn zu streicheln mag Ihren Nachbarn glücklich machen. Ihrer Frau fällt auf, dass Sie müde aussehen, und sie schlägt vor, dass Sie auf dem Beifahrersitz statt wie üblich auf der Fahrerseite für die dreistündige Fahrt ins Wochenende Platz nehmen sollen. Wehren Sie ihre gute Absicht nicht ab.

Lernen Sie zu geben. Aber lassen Sie uns auch die schwierige Kunst des Nehmens meistern.

13. Dämpfen Sie die Lautstärke (und entdecken Sie die Stille wieder)

Mein Recht, die Faust zu schwingen, endet vor Ihrer Nase, mein Recht, Krach zu machen, sollte vor Ihrem Ohr enden.[1]

Les Blomberg

Viele Menschen glauben, eine permanente Geräuschkulisse sei normal.

Judith Martin

«Kendall, das ist nicht deine *innere* Stimme», bemerkt der Vater des lebhaften Vierjährigen ruhig, aber bestimmt. «Das ist die *äußere.*» Der kleine Kendall, den Mutter Natur mit kräftigen Stimmbändern gesegnet hat, wechselt sofort in ein angemessenes, leiseres Register. Empfindlich wie ich gegen die Geißel unerwünschten und unnötigen Lärms bin, wäre ich am liebsten in Applaus ausgebrochen und hätte überschwängliches Lob über beide, Vater und Kind, ergossen. Ja, so sagte ich zu mir, die Tugend der Lärmvermeidung wird in jüngeren Generationen wachgehalten. Es *gibt* also doch noch Hoffnung.

Lärm ist eine der durchdringendsten und frustrierendsten Quellen täglicher Ärgernisse – und manchmal eine wirkliche Plage. Sorgfältiger Umgang mit Lautstärke ist ein Muss für alle, die höflich sein möchten. Warum aber ist Lärmbelästigung so weit verbreitet? Weil viele das Problem nicht sehen (oder besser *hören*) und es denen, die es wahrnehmen, egal ist. Der übende Klaviervirtuose mag, entzückt von der eigenen Musik, vergessen, dass sein donnerndes Instrument nur wenige Zentimeter vom Schlafzimmer des Nachbarn entfernt ist. Der mitternächtliche Partygänger ist sich des Unbehagens, das seine laute Ausgelassenheit für andere bedeutet, vielleicht bewusst, tut es aber als nebensächlich ab. In beiden Fällen wurde, unabhängig vom individuellen Empfinden, die Ruhe eines anderen unnötigerweise gestört. In beiden Fällen hätte Rücksichtnahme (oder Höflichkeit) regieren sollen.

Hämmern Sie nicht mit den lauten Klängen Ihres Fernsehers, Computers oder Ihrer Musikanlage auf Ihre Mitbewohner und Nachbarn ein. Benutzen Sie den lauten Rasenmäher oder das Laubgebläse nicht vor neun Uhr morgens. Halten Sie sich mit unangebrachtem Hupen zurück. Ihre Hupe ist weder zur Begrüßung noch zum Abbau von Frustrationen da. Benutzen Sie sie nur, um die Sicherheit im Verkehr zu erhohen. Kopfhörer sind ein Muss, wenn man in öffentlichen Verkehrsmitteln Musik hören möchte.

Respektieren Sie die Stille in Gotteshäusern. Das Geschnatter von ungehobelten Erwachsenen und das Geschrei und Weinen von ungezogenen kleinen Kindern stören den Gottesdienst. Wir scheinen heute zu vergessen, dass Bibliotheken Ruhe verlangen, man sollte nur in den für Gruppenarbeit bestimmten Räumen reden. Senken Sie die Stimme im Restaurant und auch im Büro. Während einer Theatervorstellung sollte man überhaupt nicht sprechen. Vielleicht haben Sie schon einmal bemerkt, dass Gastrokritiker Restaurants nicht nur aufgrund von Essen und Atmosphäre bewerten, sondern auch nach der Lautstärke. Der Lärmpegel gehört zur Messlatte des versierten Restaurantkritikers.

Bevor man Gotteshäuser, Bibliotheken, Restaurants oder Theater betritt, sollte man sein Handy ausschalten. Für dringend erwartete Anrufe kann man den Vibrationsalarm einstellen. Doch grundsätzlich sollte Ihr Telefon ausgeschaltet bleiben, wenn das Klingeln andere ablenken oder stören könnte. Dies schließt alle Treffen ein, gleich, ob arbeitsbedingt oder privat.

Wenn Sie ins Kino gehen (oder ins Theater, in die Oper oder in Konzerte), werden Sie früher oder später mit dem Geschnatter Ihrer Sitznachbarn konfrontiert werden. Können Sie damit leben? Wenn nicht, versuchen Sie es zunächst mit einem fragenden Blick und dann mit dem höflichen Flüstern: «Entschuldigung, aber Ihr Gespräch erschwert mir das Zuhören.» Sollte dies nicht funktionieren, wiederholen Sie Ihre Bitte nicht. Sie möchten nicht, dass der Vorfall eskaliert. Und Sie nehmen Rücksicht auf diejenigen, die weiter weg sitzen und sich zwar nicht durch das Gerede gestört fühlen, aber sicherlich eine Auseinandersetzung bemerken würden. An diesem Punkt wechseln Sie die Sitze, wenn Sie können, oder ziehen Sie einen Platzanweiser oder eine Aufsichtsperson hinzu.

Die gleiche Strategie lässt sich für alle Arten von Lärmbelästigung anwenden. Entscheiden Sie, wie viel Lärm Sie tolerieren wollen. Sollten Sie sich entschließen einzuschreiten, atmen Sie einmal tief durch und erinnern Sie sich daran, dass Sie einen kühlen Kopf bewahren wollen. Erklären Sie dem Verursacher, was der Lärm bei Ihnen auslöst, und bringen Sie Ihr Anliegen freundlich, aber bestimmt vor. Genau wie Sie nicht von Ihrem Ärger bestimmt werden wollen, tun Sie Ihr Bestes, auch den Ärger für den anderen in Grenzen zu halten. Darum vermeiden Sie einen anschuldigenden Ton, und vermitteln Sie der anderen Person, dass Sie sicher zu einer Einigung kommen. Wenn es für Sie stimmt, schlagen Sie einen Kompromiss vor oder akzeptieren Sie den Vorschlag des anderen. Eine Alternative ist, die Hilfe eines Mittlers zu suchen.

In einer Zeit, wo Hintergrundgeräusche nahezu konstant vorhanden sind, werden wir langsam immun gegen Lärm.

> Lasst uns still sein, damit wir das Flüstern der Götter hören können.
>
> *Ralph Waldo Emerson*

Gleichzeitig besteht aber auch bei vielen Menschen die Bereitschaft, sich wieder auf die Stille einzulassen. Wir beginnen zu verstehen, dass Stille keine Leere ist, die nur darauf wartet, gefüllt zu werden, wie eine makellose weiße Kirchenmauer nicht dazu da ist, mit Sprühfarbe beschmiert zu werden. Stille ist nicht notwendigerweise die Unfähigkeit zu kommunizieren. Stattdessen kann sie das angenehme Ergebnis eines Entschlusses sein. Wir umgeben uns oft mit Geschwätz und verschiedenen Geräuschen, weil wir nicht mit unseren Gedanken allein sein wollen. Während Lärm uns von uns selbst ablenkt, bauen wir durch Stille Brücken in unser Inneres. Schließlich ist es zu Beginn des neuen Jahrhunderts (das ein lautes zu werden droht) eine Herausforderung an uns alle, Stille als ein gefährdetes wertvolles Gut zu behandeln. Was wir dringend brauchen, sind Verfechter des Schweigens. Es bedarf dringend der Bewahrer von Stille.

Umweltschützer der Stille

Als 2001 der Internationale Tag für Lärmbewusstsein begangen wurde, beobachtete Les Blomberg, dass «unsere Klangwelt und unsere Umwelt sich darin ähneln, dass Lärm für die Klangwelt das bedeutet, was Abfall für unsere Umwelt ist, und … wir unsere Klangwelt wirklich verschandelt haben und es Zeit ist, ans Aufräumen zu gehen». Les Blomberg ist der Geschäftsführer des *Noise Pollution Clearinghouse*, einer Organisation von Umweltschützern der Stille, deren Motto ist: «Gute Nachbarn behalten ihren Lärm für sich.» Die Aufgabe des Clearinghouse ist es, «zivilisiertere Städte zu schaffen und natürlichere ländliche Gegenden und Wildnis, in denen die Ursachen der Lärmverschmutzung verringert werden». Wir wissen, dass der Verlust des Hörvermögens, Stress und hoher Blutdruck Folgen von Lärmbelästigung sind. Experimentelle Studien haben auch gezeigt, dass Lärm einen negativen Einfluss auf die Lernfähigkeit von Kindern und auf die Leistungsfähigkeit am Arbeitsplatz hat. «Freunde der Stille», schreibt Les Blomberg, «sollten teils eine Rachel Carson, teils ein Fräulein Anstand sein. Wir verlangen, dass öffentlicher Besitz geschützt wird, dass unsere Luft klar und rein von Lärm, Smog, saurem Regen etc. bleibt und dass der andere mit Respekt und auf eine Art und Weise behandelt wird, wie wir es uns auch für uns selbst wünschen.»

14. Respektieren Sie die Zeit anderer Menschen

All die Zeit, die besser hätte genutzt werden können, ist verloren.

Jean-Jacques Rousseau

Liebst du das Leben? Dann vertrödle nicht deine Zeit; denn das ist der Stoff, aus dem es gemacht ist.

Benjamin Franklin

Wenn wir die Zeit anderer Menschen respektieren, lernen wir, sie zu schätzen wie unsere eigene. Oder noch besser, wir kommen an einen Punkt, an dem wir gar nicht mehr zwischen unserer und der Zeit anderer unterscheiden. Wir können dann Zeit als solche respektieren – als das wertvolle Gut, das sie ist – und jederzeit danach handeln. Dies muss nicht bedeuten, dass man ständig an Zeit denkt. Es ist möglich, die Wertschätzung von Zeit zu einem Teil unserer Identität zu machen und trotzdem ohne Eile durchs Leben zu gehen.

Pünktlichkeit ist die Grundvoraussetzung. Rechtzeitig zu kommen ist eine unabdingbare Basisregel rücksichtsvollen Benehmens. Wenn Sie sich mehr als fünf Minuten verspäten, rufen Sie an. Ihren Zeitplan sollten Sie realistisch so planen, dass eine Verspätung unwahrscheinlich wird. Es ist unhöflich, Ihre Verabredungen von vornherein so zu legen, dass Sie zu einem oder allen Terminen zu spät kommen. Eine Verabredung zum Mittagessen – oder jede andere Verabredung – in letzter Minute abzusagen ist ebenfalls unhöflich. Ein solches Handeln zeigt, dass Sie jederzeit bereit sind, anderen Unannehmlichkeiten zu bescheren, wenn dies in Ihre Pläne passt. Das ist falsch, weil es unfair ist. Jeder Termin ist eine Verpflichtung, die es – pünktlich – einzuhalten gilt. Wenn Sie vor einer Minute vereinbart haben, am nächsten Morgen um zehn Uhr bei Ihrem Freund vorbeizukommen, dann sagen Sie nicht, bevor Sie gehen: «Bis dann, ich seh dich morgen so gegen zehn.» Dies sagt Ihrem Freund, dass Sie die Verabredung auf die leichte Schulter nehmen und mit der Zeit verfahren, wie es Ihnen am besten passt. Wenn Sie zehn Uhr sagen, sollten Sie auch zehn Uhr meinen.

Ein Telefonanruf ist eine Forderung nach Aufmerksamkeit und Zeit, die zu einem ungünstigen Zeitpunkt kommen kann. Denken Sie darüber nach, ob Sie Ihre Anrufe mit der Frage «Störe ich Sie gerade?» einleiten wollen. Halten Sie Ihre Anrufe kurz, besonders wenn Sie den Eindruck haben, dass die andere Person gerade beschäftigt ist. Kürze ist ebenfalls angebracht, wenn Sie von einem öffentlichen Apparat aus anrufen, wenn Sie aus jemandes Wohnung oder Büro anrufen oder wenn Sie jemanden anrufen, der selbst zu Besuch oder im Büro ist. Wenn Sie erwarten, dass es ein längeres Gespräch wird, fragen Sie, ob dies eine günstige Zeit dafür ist.

Grundsätzlich sollte Ihr Anrufbeantworter nur Anrufe entgegennehmen, wenn Sie nicht da sind, von seltenen Ausnahmen abgesehen. Wenn es Ihnen möglich ist, rufen Sie noch am gleichen Tag zurück, egal ob es um persönliche oder geschäftliche Dinge geht.

> Ein Anruf in der Warteschlange kitzelt unsere niedrigsten Impulse – Gier und Opportunismus («Tut mir Leid, eine weitere Verpflichtung ruft», wie Oscar Wilde so prophetisch sagte). Er spricht unser Verlangen an – das schäbige kleine Bedürfnis – herauszufinden, wer oder was besser wäre als das, was wir gerade haben.
>
> *Lynne Sharon Schwartz*

Benutzen Sie die Haltetaste so wenig wie möglich. Nur ein Notfall rechtfertigt es, jemanden plötzlich zu verlassen, um die Aufmerksamkeit einem anderen zuzuwenden. Wenn dies jedoch geschieht, kehren Sie nach wenigen Sekunden zum ersten Anrufer zurück und entschuldigen Sie sich für die Unterbrechung.

Gleich ob Sie sich in einem Geschäft oder im Büro befinden, sofortige Aufmerksamkeit zu verlangen ist unhöflich und führt zu nichts. Wenn Sie warten, bis Sie an der Reihe sind, verschwenden Sie nicht Zeit und Energie derer, deren Aufgabe es ist, Ihnen behilflich zu sein. Die Qualität ihrer Arbeit wird dadurch verbessert und damit auch die Lebensqualität aller Beteiligten. Wenn Sie bemerken, dass Sie ignoriert werden, machen Sie natürlich den Mund auf, bestimmt und freundlich. Am Arbeitsplatz sollten Sie sich kurz und klar ausdrücken, wenn Sie mit Ihren Kollegen kommunizieren. Teilen Sie offen mit, was Sie wissen, so dass alle davon profitieren können und Zeit sparen. Respektieren Sie immer Abgabetermine, die Sie vereinbart haben.

Geben Sie Acht, dass Sie Ihre Freunde nicht als Geiseln halten. Sie dürfen erwarten, dass sie Ihren Problemen einige Zeit widmen; die Zeit, die Sie ihnen abverlangen, sollte jedoch ein vernünftiges Maß nicht übersteigen. Schildern Sie die grundlegenden Punkte des Problems, entlocken Sie ihnen Reaktionen oder Rat, wenn Sie dies möchten, aber erwarten Sie nicht Stunden der Anteilnahme. Achten Sie auf Fingerzeige, die dem Treffen ein Ende bereiten sollen. «Ich muss jetzt wirklich gehen» heißt: «Ich bin länger geblieben, als ich eigentlich wollte.» Es bedeutet auch, dass Sie einfühlsamer gegenüber den Bedürfnissen der anderen sein sollten.

Eine abschließende Beobachtung

Schenken Sie anderen Menschen die Zeit, die sie von Ihnen vernünftigerweise erwarten können. Kürzen Sie ein vereinbartes Treffen nicht aufgrund einer Laune ab oder weil es Ihnen besser passt. Die andere Person bedarf vielleicht der ganzen vereinbarten Zeit, um zum Punkt zu kommen oder Ihren Standpunkt wirklich richtig einzuschätzen. Sie mag einen beträchtlichen Aufwand in Kauf nehmen, um die Zeit für ein Treffen zu finden oder an den vereinbarten Ort zu gelangen. Erlauben Sie ihr das Gefühl, alles erreicht zu haben, was in ihrer Macht stand. Wenn Sie das Treffen um Ihrer Bequemlichkeit willen abkürzten, würden Sie Enttäuschung, Irritation und Frustration verursachen.

15. Respektieren Sie die Sphäre anderer Menschen

> Lies nie ungefragt die Bücher oder Schriften eines anderen und schau auch nicht hin, wenn jemand einen Brief schreibt.
>
> *George Washington*

Eine der elementarsten Arten, Rücksicht zu üben, ist es, die Sphäre anderer Menschen zu respektieren. Lassen Sie genügend Raum zwischen sich und dem anderen, so dass er sich nicht unbehaglich oder eingeschüchtert fühlt. Die Leidenschaft für Ihre Überzeugungen gibt Ihnen nicht das Recht, jemand anderem Moralpredigten mitten ins Gesicht zu halten. Ein angemessener Abstand zum Gegenüber ist Teil jener Gelassenheit, die Worten Kraft und Autorität verleiht. Wenn der Aufzug, auf den Sie ungeduldig gewartet haben, wie eine geöffnete Sardinenbüchse aussieht, warten Sie noch. Sie mögen in Eile sein, aber Sie wollen die Fahrt nicht noch unangenehmer für alle machen.

Schenken Sie der Reaktion anderer Aufmerksamkeit, um den geeigneten Abstand bei einem Gespräch zu bestimmen. Wenn die andere Person einen Schritt zurückweicht, kann es sein, dass Sie zu dicht stehen. Respektieren Sie den neuen Abstand zwischen Ihnen beiden, gehen Sie nicht unbedacht einen Schritt vorwärts. Die Regeln für die persönliche Sphäre sind von Kultur zu Kultur anders. Für Südeuropäer, Lateinamerikaner und Araber ist zum

Beispiel das Nebeneinander-Sitzen, -Stehen oder -Gehen mit wenigen Zentimetern Abstand selten ein Problem. Nordeuropäer und viele Nordamerikaner brauchen jedoch eine größere persönliche Sphäre, um sich wohl zu fühlen. Gewärtigen Sie, dass die persönliche Sphäre vielleicht mit anderen Maßstäben gemessen wird als bei Ihnen zu Hause. Andere Länder …

Viele Menschen berühren andere, während sie mit ihnen sprechen. Obwohl dies kein Freibrief zum Grabschen ist, kann ein Drücken der Hand, des Armes oder der Schulter je nach Situation akzeptabel sein. Bei der Arbeit ist es besser, Berührungen auf ein Minimum zu beschränken. Wenn Sie der Spontaneität in Ihrem Leben mehr Raum verleihen möchten, gehen Sie nicht davon aus, dass jeder Freund oder Bekannte sich bei körperlichem Kontakt wohl fühlt. Viele Menschen empfinden Berührung als eine Verletzung ihrer persönlichen Sphäre. Achten Sie bei Ihrer Berührung auf die Reaktionen des anderen und unterlassen Sie sie beim ersten Anzeichen von Unbehagen. Machen Sie anderen auch bewusst, wie Sie über Berührungen denken. Wenn jemand Ihre Körpersprache nicht versteht, sagen Sie es ihm.

Respektieren Sie die persönliche Sphäre, die einige ihr Revier nennen. Unser Zuhause ist unser Revier und auch unser Arbeitsplatz und der Platz am Strand, auf den wir für unsere Familie bei schönem Wetter Anspruch erheben. Unser Revier ist das Gebiet, von dem wir glauben, es kontrollieren zu dürfen. Der Fremde, der sich in der überfüllten Kantine ohne zu fragen an meinen Tisch setzt, verletzt mein Revier. Der Bote, der einfach in mein Büro kommt, ohne anzuklopfen (das ist in den letzten Monaten übrigens zweimal passiert), tut dasselbe. Und auch der Autofahrer, der auf meinem Heimweg zu dicht hinter mir auffährt. Auf verschiedene Arten zeigen sie alle keinen Respekt für den Raum, der mir zustände. Übertrieben gesagt, sie respektieren mich nicht. Sie verhalten sich unzivilisiert. Der einzige Unterschied ist, dass derjenige, der zu dicht auffährt, zudem das Leben anderer gefährdet. Das ist Unhöflichkeit im Quadrat.

Manchmal machen wir es anderen Personen schwer oder unmöglich, Zutritt zu einem Raum zu erlangen, auf den sie ohne jegliches Theater Anspruch hätten. Ich muss gestehen, dass ich schon oft meine Aktentasche auf den Platz im Zug neben mir gelegt habe, in der Hoffnung, andere Reisende davon abzuhalten, sich dorthin zu setzen. Wenn das nicht unhöflich ist, so ist es zumindest nicht sehr nett. Ganz sicherlich unhöflich ist es jedoch, das Auto so zu parken, dass es zwei Parkplätze statt nur einen belegt. Ich mag Unrecht haben, aber mir scheint, dies komme heute öfter vor als früher. Unberechtigtes Parken auf Behindertenparkplätzen ist eine ähnliche Verletzung allen Anstands, die auf dem Vormarsch ist. Es gibt dafür einfach keine Entschuldigung.

Respekt vor dem Revier des anderen ist auch zu Hause ein solides Fundament für gute Beziehungen. Wir alle haben Orte, von denen wir denken, dass sie uns mehr gehören als anderen – vielleicht ist es ein Schlafzimmer, ein Arbeitszimmer, ein Wandschrank, ein Badezimmer, ein Werkraum oder eine Werkstatt in einer Ecke der Garage. Man darf mit Recht erwarten, dass unsere Mitbewohner diese Orte so wenig wie möglich stören. Niemand sollte in ein Badezimmer hineinplatzen, das andere ebenfalls benutzen. Kinder, die älter als fünf Jahre sind, sollten immer zuerst fragen, bevor sie das Schlafzimmer ihrer Eltern betreten, auch wenn die Tür offen steht. Wohnzimmer, Küche und andere gemeinsam genutzte Räume gehören allen. Jeder, der sie für eine gewisse Zeit allein benutzen möchte, sollte sicherstellen, dass dies für andere Mitglieder des Haushalts kein Problem ist. Ganz allgemein sollten Sie zu Hause die anderen nicht bei dem stören, was sie gerade tun. Überlegen Sie gut, wenn Sie Freunde nach Hause einladen, und wie lange Sie diese bleiben lassen wollen. Bedenken Sie, dass Sie für die Dauer ihres Aufenthalts dafür verantwortlich sind, dass die Gäste nicht laut werden oder stören.

Auch bei der Arbeit ist Respekt vor dem Revier der anderen ein Muss. Machen Sie ihn zu einem Teil Ihrer professionellen Identität. Arbeitsräume kennen heute oft keine Türen und werden von schulterhohen Raumteilern statt von Wänden begrenzt. Weil hier eine Privatsphäre schlecht aufrechtzuerhalten ist, sind alle gefordert, sich diskret zu verhalten. Senken Sie Ihre Stimme, egal ob Sie mit einem Anwesenden sprechen oder telefonieren. Benutzen Sie den Konferenzraum für Besprechungen oder wenn Sie Besuch haben. Das Rufen von Kubus zu Kubus ist störend und ärgerlich.

Wann immer Sie mit Ihren Kollegen sprechen müssen, rufen Sie sie an, mailen Sie ihnen oder stehen Sie auf und gehen hinüber. Treten Sie jedoch nicht einfach mit Ihrem Problem auf den Lippen an sie heran, sondern fragen Sie, ob Sie hereinkommen können und sie gerade Zeit haben. Sollte die andere Person eben am Telefon sein, stehen Sie nicht herum, sondern kommen Sie später wieder. Lassen Sie nicht Ihre Brieftasche, Ihre Aktentasche oder Papiere am Arbeitsplatz der Kollegen liegen und nehmen Sie nichts von ihnen in die Hand, um es zu studieren.

Sie sollten sich weder für die Faxe oder Korrespondenz Ihrer Kollegen interessieren, noch Ihren Blick über die E-Mails oder überhaupt über deren Computerbildschirm schweifen lassen. Den Computer Ihrer Kollegen sollten Sie nur mit deren Erlaubnis benutzen oder wenn Ihr Chef es so angeordnet hat, es sei denn, es ist bei Ihnen üblich, an anderen Computern zu arbeiten. Wenn Sie fertig sind, hinterlassen Sie alles so, wie Sie es vorgefunden haben, und hinterlegen Sie eine Notiz des Dankes mit dem Datum und Ihrer Präsenzzeit.

Wenn Sie im Restaurant auf einen Tisch warten, stehen Sie nicht neben den Tischen anderer Gäste herum. Sollten Sie Leute sehen, die Sie kennen, können Sie kurz an ihrem Tisch vorbeigehen und sie begrüßen, aber laden Sie sich nicht selbst dazu ein. Wenn Sie eingeladen werden und Sie sich mit dem ungeplanten Arrangement wohl fühlen, akzeptieren Sie es. Wenn die Personen, die Sie kennen, sich in der Gesellschaft von Unbekannten befinden, nicken Sie ihnen kurz zu oder sagen Sie «Hallo», während Sie zu Ihrem Tisch gehen. Bleiben Sie nicht an ihrem Tisch stehen in der Hoffnung, dass man Sie vorstellt. Es ist an Ihren Freunden oder Bekannten, Ihnen deutlich zu machen, dass sie sich mit Ihnen unterhalten möchten.

Respektieren Sie die Privatsphäre von Fremden, die an den Nachbartischen sitzen. Mischen Sie sich nicht in ihr Gespräch ein. («Ich bin auch ein Patient von Dr. Burger. Ist sie nicht eine großartige Frau?») Es ist nicht angebracht, die anderen Gäste zu fragen, was sie von diesem oder jenem Gericht auf der Speisekarte halten, und Sie sollten auch nicht Ihre Meinung über das Essen äußern. Und halten Sie Ihre kleinen Kinder davon ab, zwischen den Tischen umherzulaufen.

Noch etwas zur Höflichkeit am Arbeitsplatz

Ein Schlüssel für unsere Zufriedenheit am Arbeitsplatz ist die Qualität der Beziehungen, die wir zu unseren Kollegen haben.[1] Gute Beziehungen tragen dazu bei, Stress zu verringern. Eine Wohltat in einer Umgebung, in der die Ursachen für Stress mannigfaltig und oft schwer zu beseitigen sind. Es scheint wahrscheinlich, dass das Klima am Arbeitsplatz in den nächsten Jahren an Bedeutung gewinnen wird. Mehr und mehr wird uns klar werden, welchen Tribut arbeitsbedingter Stress von uns fordert. Und wir werden mehr und mehr gewillt sein, dagegen etwas zu unternehmen. Was bedeutet das? Lassen Sie uns das Dilemma betrachten, dem Millionen von Arbeitnehmern heute ausgesetzt sind.

Heutige Arbeitnehmer sind sich bewusst, dass ihr Ruhestand möglicherweise später als erwartet beginnt. Dies ist zum Teil darauf zurückzuführen, dass Sozial- und Krankenversicherungskosten mit der erhöhten Lebenserwartung steigen werden. Arbeitnehmer werden also länger arbeiten müssen, um ein längeres Leben finanzieren zu können. Gleichzeitig lässt der erhöhte Stress am Arbeitsplatz, unter anderem durch weit verbreitete Kosteneinsparungen verursacht, die Pensionierung attraktiver erscheinen. Viele Arbeitnehmer möchten sich früher aus dem Erwerbsleben zurückziehen.

Hier sehen wir uns einem Konflikt gegenüber: zwischen der Notwendigkeit, länger als erwartet arbeiten zu müssen, und der Neigung, früher aufzuhören. Man kann davon ausgehen, dass Arbeitsplätze mit geringem Stress – das sind Arbeitsplätze, an denen eine Kultur der Höflichkeit für bessere Beziehungen unter den Kollegen sorgt – sehr begehrt sein werden. Dies sind die Arbeitsplätze, für die Firmen zunehmend erstklassige Arbeitnehmer gewinnen und halten können. Ein starker Anreiz für Firmen, eine Kultur der Höflichkeit am Arbeitsplatz zu fördern.

16. Entschuldigen Sie sich ernsthaft und wohl überlegt

> Die meisten Entschuldigungen sind Gesten der Empathie; sie drücken Bedauern über die Kränkung der Gefühle oder Anliegen eines anderen aus. Entschuldigungen beinhalten, dass man sich der Gefühle des anderen bewusst ist und genügend Empathie hat, um die Verletzung zu bedauern.
>
> *Daniel Jankelovich*

Sich zu entschuldigen ist höflich, aber wir werden keine besseren Menschen, je öfter wir es tun. Wenn wir uns der Bedürfnisse des anderen klar werden und gewillt sind, ihnen gerecht zu werden, müssen wir uns weniger entschuldigen. Dem ist so, weil wir Fehler vermeiden, statt sie geschehen zu lassen und anschließend damit umgehen zu müssen. Es gibt keine Perfektion auf dieser Welt, und daher gehören Entschuldigungen zu den wertvollsten Ressourcen für den fairen und rücksichtsvollen Menschen.

Mit Entschuldigungen erkennen wir an, dass wir etwas falsch gemacht haben und den Schaden begrenzen möchten. Entschuldigungen sollten gut überlegt sein, klar ausgedrückt werden und von Herzen kommen. Sie müssen nicht lang und detailliert sein, sondern sollten zeigen, dass wir genau wissen, *was* wir falsch gemacht haben, dass wir uns über die *Auswirkungen* im Klaren sind und dass wir nicht nach *Ausflüchten* suchen.

Eine ältere Frau auf Krücken hat sich minutenlang mühsam zur Ladentür vorgekämpft. Aus der anderen Richtung nähert sich schnell eine Frau mit einem lebhaften Hund an einer langen Leine. Der Hund bellt und stürzt auf die ältere Frau zu, die zurückschreckt und um ihr Gleichgewicht ringt. Erst als der Hund wenige Zentimeter von den Krücken entfernt ist, zieht die Frau an der Leine und ruft ihn. Rührend freundlich sagt die ältere Dame: «Oh, das ist schon in Ordnung, solange er mich nicht anspringt.» Der Hund stürzt wieder auf die Dame zu und bellt. Die andere Frau sagt: «Er hat noch nie Krücken gesehen», und geht schnell weg.

Die Frau mit dem Hund mag Bedauern fühlen, als sie sieht, dass die Ältere fast hinfällt. Eine schlichte Entschuldigung wäre angebracht (etwa: «Entschuldigen Sie, ich hätte ihn kürzer an die Leine nehmen sollen»), nicht etwa eine Erklärung und schon gar nicht eine, die die Verantwortung für den Vorfall abwälzt. Die Frau ignoriert die Tatsache, dass sie den Hund besser unter Kontrolle haben sollte. Stattdessen weist sie den Fehler der Frau mit den Krücken zu.

Sich zu entschuldigen ist das eine, sich selbst von Schuld freizusprechen etwas ganz anderes: Verwechseln Sie die beiden nicht. Die Frau mit dem Hund hat genau das getan. Diese Grenzen der Entschuldigung zu verwischen ist weit verbreitet. Wie oft hören wir Pseudoentschuldigungen wie: «Es tut mir Leid, dass ich Sie am Telefon angeschrien habe, aber ich habe dieser Tage großen Stress.» Und so klingt eine richtige Entschuldigung: «Ich möchte mich dafür entschuldigen, dass ich Sie angeschrien habe. Es gibt dafür keine Rechtfertigung. Ich kann nur sagen, dass es nicht wieder vorkommen soll.» Manchmal werden die, bei denen Sie sich entschuldigen, Ihnen den Entschuldigungsgrund liefern: «Entschuldigung akzeptiert. Ich weiß sie zu schätzen. Wir sind dieser Tage alle sehr im Stress.» Aber man muss Sie nicht so leicht davonkommen lassen, und Sie sollten das auch nicht erwarten.

Die ehrliche Bewertung einer Klage hilft Ihnen zu entscheiden, ob eine Entschuldigung angebracht ist. Wenn Sie glauben, dass Sie einen Fehler begangen haben, entschuldigen Sie sich ernsthaft. Redewendungen wie «Ich weiß, wie Sie sich fühlen»; «Ich weiß genau, was Sie meinen»; «Es tut mir Leid, dass Sie dies so empfinden» und sogar «Ich werde mich bemühen, dies zu ändern» sind nichts als weitere Pseudoentschuldigungen. Sie werden oft statt echter Entschuldigungen von denen benutzt, die sich weigern, für ihre Handlungen die Verantwortung zu übernehmen.

«Oh, ich muss noch mal zurück, ich habe etwas vergessen.» Der Kassierer sieht zu der Frau auf, die dies gesagt hat und deren Einkauf er gerade eingibt. Sie verschwindet schnell zwischen den Regalen. Gut drei Minuten später ist sie mit den neuen Dingen zurück. «Entschuldigen Sie, ich weiß Ihre Geduld zu schätzen», sagt sie zu dem Kunden hinter ihr, der die ganze Zeit gewartet hat.

Es verbirgt sich etwas unangenehm Unaufrichtiges und Rüdes in diesen Worten der Entschuldigung. Die Frau weiß, dass es falsch ist, die anderen zu ihrer eigenen Bequemlichkeit warten zu lassen, tut es aber trotzdem. Ihre Entschuldigung klingt hohl. Eine richtige Entschuldigung äußert man nicht, um sich selbst eine Rücksichtslosigkeit zu erlauben. Die höfliche Alternative wäre, den Kassierer den Einkauf, den sie schon hat, abrechnen zu lassen und dann das Vergessene zu holen und sich erneut in die Schlange zu stellen.

Warum ist es so schwierig, sich zu entschuldigen? Wenn wir uns ernsthaft und wohl überlegt entschuldigen, müssen wir zuerst den Kampf mit unserem Stolz gewinnen. An eine Entschuldigung zu denken bringt uns in eine Situation der Schwäche, und oft warten wir darauf, dass sich der andere zuerst entschuldigt. Wenn wir uns jedoch zur Entschuldigung durchringen, merken wir, wie heilsam es ist. Es ist schwer zu glauben, aber ich entschuldige mich gern. Ich genieße es ebenso wie meine Schulden zu begleichen. Es ist ein Großreinemachen. Tatsächlich ist eine Entschuldigung das Begleichen einer moralischen Schuld. Darum sagen wir auch «Ich möchte mich bei dir *ent*-schuldigen».

Ein letztes Wort zur Vorsicht: Setzen Sie nicht voraus, dass Ihre Entschuldigung immer und sofort gut ankommt. Gerade wenn Ihnen die Entschuldigung schwer gefallen ist, können Sie nicht automatisch erwarten, dass Ihre Anstrengung belohnt wird. Halten Sie sich vor Augen, dass es dem, den Sie verletzt haben, ebenso schwer fällt, die Entschuldigung anzunehmen. Indem Sie anerkennen, dass Ihr Handeln falsch war, sind nicht automatisch alle Verletzungen beseitigt. Ihr Gegenüber braucht Zeit, um die Vergebung, um die Sie bitten, zu gewähren. In einem solchen Fall können Sie nur die Ablehnung akzeptieren und Trost in dem Gedanken suchen, dass Sie es unter günstigeren Umständen erneut versuchen können. Lassen Sie sich Zeit und zeigen Sie derweil, dass Sie sich gebessert haben.

17. Behaupten Sie sich

> Die Person, die sich behauptet, kämpft für ihre Rechte und bringt ihre persönlichen Bedürfnisse, Werte, Anliegen und Vorstellungen konkret und angemessen zum Ausdruck. Um ihre eigenen Bedürfnisse zu erfüllen, verletzt sie weder die persönliche Sphäre von anderen noch deren Bedürfnisse.
>
> *Robert Bolton*

> Selbstbehauptung und die Suche nach Sinn gehen Hand in Hand.
>
> *Henry Dreher*

Anderen zu gefallen ist ein edles Gefühl im Kern jeglicher Höflichkeit und eine unverzichtbare Zutat für glückliche Beziehungen. Jedoch ist die Fähigkeit, klare persönliche Grenzen zu ziehen, für unser Glück ebenso entscheidend.

> Ich hatte meine Großmutter gern, ich *liebte* sie, sie hat die Gefühle ihrer Mitmenschen behandelt, als wären sie aus zerbrechlichem Glas, hat sie mit feinen, geschickten Fingern angefasst. Ich mag Leute, die sich langsam und behutsam ihren Weg suchen, die ihre Worte diskret und mit Bedacht wählen, zartfühlende Menschen, die auf niemandes Träumen herumtrampeln. «Zivilisiert» ist mein Lieblingswort. Aber wie

konnte ich denn dann drei Jahre mit diesem Mann zusammenleben? Und warum schaffe ich es nicht, ihm zu sagen, dass er gehen soll?[1]

Mary, die Protagonistin in Ruth Rendells Roman *Die Herzensgabe*, ist die Zartheit in Person.

> Ein guter Grund, sich nicht selbst zu behaupten, ist natürlich, dass man glaubt, man sei es nicht wert!
>
> *Gael Lindenfield*

Sie, die empfindsam gegenüber den Gefühlen anderer ist, aber mangelndes Selbstvertrauen besitzt, bringt es nicht über sich, die unmissverständlichen Worte zu sagen, die die Beziehung zu ihrem egoistischen und rücksichtslosen Verlobten beenden würden. Im Wörterbuch wird Zartheit unter anderem mit «Zartheit des Umgangs, Rücksichtnahme» definiert. Dies trifft genau auf Mary zu, sie ist zu zart, rücksichtsvoll und einfühlsam, und dies erlaubt ihr nicht, die notwendige Grobheit zu zeigen.

Das eigentliche Problem jedoch ist, dass Marys unterwürfige Zartheit ihr nicht gestattet, überhaupt zu begreifen, dass Selbstbehauptung eben *nicht* grob wäre. Sie erkennt nicht, dass die natürliche Konsequenz wäre, auf ihre eigenen Bedürfnisse einzugehen. Ein gesundes Maß an Aufmerksamkeit für unsere eigenen Bedürfnisse muss nicht mit dem Prinzip des Respekts vor dem anderen in Konflikt stehen, auf das Höflichkeit aufbaut. Ich habe keinerlei Zweifel, dass Selbstbehauptung ein unauffälliges, aber bedeutendes Element bei der Ausübung von Höflichkeit ist.

Wie Mary sehen wir uns von Zeit zu Zeit außer Stande oder unwillens, mit einer Bestimmtheit, die andere dazu bringt, uns ernst zu nehmen, das auszudrücken, was wir brauchen, glauben oder wollen. Es ist nicht immer einfach, dem Kollegen, der einem mit Fragen über unser Privatleben auf die Nerven fällt, zu sagen, er soll damit aufhören, eine Einladung zu einem gesellschaftlichen Ereignis, an dem wir nicht teilnehmen möchten, abzulehnen, zu Hause prinzipiell keine geschäftlichen – auch wichtigen – Anrufe entgegenzunehmen, oder dem Paar, das wir sonst immer zum Tag der Arbeit eingeladen haben, mitzuteilen, dass wir in diesem Jahr andere Pläne mit anderen Freunden haben. Wenn wir glauben, dass wir andere gegen uns aufbringen oder sie ablehnen, fühlen wir uns ihnen gegenüber schuldig und haben Angst vor den Auswirkungen, die *wir* zu tragen haben. Werden sie noch glauben, dass wir sie mögen? Werden sie uns noch mögen? Ängstlich und zögerlich stocken wir und nuscheln herum, statt uns zu behaupten. Wir zögern und reden um den heißen Brei herum, wir geben nach und frustrieren uns unnötigerweise selbst.

Wie können wir uns dieses schädliche Verhalten abgewöhnen? Nehmen wir als Beispiel das Nein zu dem Empfang, an dem wir nicht teilnehmen möchten. Dieses Nein gegenüber anderen ist nichts anderes als ein Ja zu uns selbst und unseren Bedürfnissen. Wir *können* Nein sagen, weil wir *berechtigt* sind, unseren eigenen Zeit- und Energieaufwand zu kontrollieren. Es ist *unsere* Zeit und *unsere* Energie, und *wir* sollten die Wahl haben. Indem wir Nein zum anderen sagen und Ja zu uns selbst, nehmen wir nichts weg, was einem anderen gehört, wir behalten schlicht nur etwas, was uns rechtmäßig zusteht. Der gesunde Menschenverstand sagt uns, dass dies so ist, doch bedarf es der Übung, um es uns zur zweiten Natur zu machen.

Wenn Sie sich selbst ernsthaft auf Selbstbehauptung programmieren, werden Sie diese am Ende auch erreichen. Wenn Sie ein festes Ja schaffen, wenn Sie etwas wirklich wollen, oder ein ebenso kräftiges Nein, wenn Sie etwas nicht wollen, werden Sie ein kleines (und manchmal auch ein großes) Erfolgserlebnis haben. Sie haben erkannt, was richtig für Sie ist, und dies dann mutig und erfolgreich umgesetzt. Diese Art von Sieg werden Sie immer wieder auskosten wollen. Sie werden von den positiven Konsequenzen dieser Siege auch ermutigt werden. Selbstbehauptung gibt uns nicht nur ein gutes Gefühl, sondern funktioniert auch gut.

Kommen wir auf die Befürchtung zurück, dass wir eine für uns wichtige Beziehung gefährden, wenn wir unseren Gesprächspartner verärgern. Was wir oft nicht in Betracht ziehen, ist, dass unsere Beziehungen genauso gefährdet sein können, wenn wir uns nicht behaupten. Nehmen wir an, dass Sie die geladenen Gäste darauf hingewiesen haben, dass die Feier zu Ihrem 40. Geburtstag nur für Erwachsene ist. Und nehmen wir an, dass einer Ihrer Gäste Sie darüber in Kenntnis setzt, dass er beabsichtigt, seine zwei Schulkinder mitzubringen. Da Sie Ihren Freund nicht verärgern wollen, fügen Sie sich, obwohl Sie sich tyrannisiert fühlen und mehr als nur ein wenig verärgert sind.

Diese Gefühle sind vielleicht eine ernstere Bedrohung für die Beziehung als ein freundliches, wenn auch offenes Nein von Ihrer Seite. Ihre unterwürfige Reaktion könnte Ihren Freund ermuntern, Ihre berechtigten Wünsche in Zukunft zu missachten, was natürlich die Spannungen in

Ihrer Beziehung verstärken würde. Daher ist Selbstbehauptung zweifellos die beste Option für alle Beteiligten. Die Stärke, zur Selbstbehauptung zu finden, wird reichlich belohnt. Sie erhält Ihren inneren Frieden und sorgt für gesunde Beziehungen.

Ein schwerer Streit mit Ihrem Freund, Ihrem Ehepartner oder Liebhaber lässt Sie wütend und verwirrt zurück. Ihr Gegenüber möchte eilig mit einer, wie Ihnen scheint, halbherzigen Entschuldigung Frieden schließen. Sie jedoch brauchen Zeit, um über das Geschehene nachzudenken und dann darüber zu sprechen. Der andere drängt dazu, den Vorfall einfach zu vergessen, schließlich war es eigentlich keine große Sache. Zu allem anderen fühlen Sie sich jetzt missachtet und bedrängt. Doch nun wissen Sie: Es ist an der Zeit, sich selbst zu behaupten. Eine selbstbehauptende Haltung einzunehmen ist klar gerechtfertigt, und Sie sind dazu entschlossen, sie für sich arbeiten zu lassen.

Eine starke und wirksame Botschaft könnte so klingen: «Wenn du mir erzählst, ich solle unsere Streitereien vergessen, rege ich mich auf, weil ich nicht mit dir gemeinsam herausfinden kann, warum wir uns streiten und wie wir sie beilegen können.» Die drei grundlegenden Elemente richtiger Selbstbehauptung sind alle vorhanden: die Beschreibung des Verhaltens, das Sie als störend empfinden, die Enthüllung der durch dieses Verhalten in Ihnen aufgerührten Gefühle und die Benennung der Auswirkungen dieses Verhaltens.[2]

Bereiten Sie sich auf eine verteidigende Antwort vor. Wie zum Beispiel: «Du übertreibst immer alles. Ich habe gesagt, dass es mir Leid tut. Was willst du eigentlich? Warum kannst du es zur Abwechslung nicht mal leichter nehmen?» Antworten Sie nicht auf dieselbe Weise. Halten Sie sich mit Gegenanklagen zurück und schweifen Sie nicht ab, um andere Punkte zu diskutieren, zum Beispiel Ihre Persönlichkeit oder Ihre Haltungen. Antworten Sie, dass Sie über diese Punkte gern ein anderes Mal diskutieren, sich aber nun auf das gegenwärtige Anliegen und auf nichts anderes konzentrieren wollen. Wiederholen Sie Ihr Anliegen. Normalerweise ist beim zweiten Mal die Bereitschaft, *wirklich* zuzuhören, größer.

Viele Handlungen der Selbstbehauptung sind oft einfacher als diejenige, die ich gerade umrissen habe. Sich selbst zu behaupten bedeutet in erster Linie, Nein sagen zu lernen. Und dazu gehört, dass Sie Ihr Privileg erkennen, kurz und bündig Nein sagen zu dürfen. Es gibt keinen Grund, den freimütigen Ausdruck Ihrer Vorliebe oder Ihres Bedürfnisses zu einer Diskussion auszuweiten.

- «Würden Sie mir ein Empfehlungsschreiben geben?» «Nein, ich denke eher nicht.»
- «Würden Sie etwas in mein Start-up-Unternehmen investieren?» «Nein, aber danke der Nachfrage.»
- «Würden Sie mir helfen, meine Arbeit zu schreiben?» «Nein, ich halte das für keine gute Idee.»

«Nein, danke» – «Nein, lieber nicht» – «Nein, das ist nicht das, was ich mir vorgestellt habe» – «Nein, ich bin nicht darauf vorbereitet» – «Nein, ich fühle mich dabei nicht wohl». Jede dieser Nein-Aussagen sollte genügen, aber es wird natürlich Menschen geben, die mehr erwarten. Ungeachtet der Reaktionen auf Ihr Nein sind Sie bei den meisten täglichen Handlungen anderen keine Erklärungen schuldig. Sie mögen sich jedoch bei guten Freunden aus freien Stücken dafür entscheiden. Niemand und schon gar nicht ein guter Freund sollte Sie zwingen, Ihre Entscheidung zu revidieren, oder Sie dazu bringen, sich schuldig zu fühlen, weil Sie Ihre Gründe nicht preisgeben. Wenn ein hartnäckiger, schuldzuweisender Gesprächspartner auf Ihr erstes Nein nicht sofort ablässt, haben Sie keine Angst, es zu wiederholen und gegebenenfalls nochmals zu wiederholen. Man nennt das die «Sprung in der Platte»-Strategie – und sie funktioniert.[3]

Die medizinische Forschung hat festgestellt, dass ein Verhalten ohne Selbstbehauptung ein Gesundheitsrisiko ist. Bahnbrechende Experimente dokumentieren, dass Missachtung des Selbst und übermäßige Willfährigkeit die Funktion unseres Immunsystems gefährden können, was uns anfälliger für zahlreiche Krankheiten macht. In seinem erhellenden Buch, das sich auf die Arbeit von George Solomon konzentriert, gibt Henry Dreher einen Überblick über diese wissenschaftlichen Befunde. Drehers Ergebnis ist klar und ermutigend: «Jedes Mal, wenn Sie erfolgreich eine gesunde Grenze ziehen und einen Standpunkt des Selbstschutzes vertreten, Ihre Gefühle verteidigen oder Ihrer Unabhängigkeit Respekt verschaffen, rütteln Sie jenen Teil in Ihrem Innersten auf, der Sie Ihres Selbstwerts versichert. Diese Handlungen und Reflexionen … sind nicht nur Balsam für die Seele, sondern auch ein Segen für die Gesundheit.»[4]

Das Sich-Abregen

Antworten die Menschen auf Ihren Protest, dass es doch «keine große Sache» gewesen sei? Wirft man Ihnen vor, «die Dinge zu übertreiben»? Und rät man Ihnen kurz und bündig, sich abzuregen und wieder zu lachen? Natürlich gibt es Zeiten, zu denen es richtig ist, sich abzuregen. Aber es gibt ebenso viele Beispiele, in denen andere versuchen, Sie zum Schweigen zu bringen, um einer berechtigten Kritik ihres Handelns zu entgehen. Wie können Sie auf eine solche unwillkommene und eigennützige Aufforderung antworten? Mehr oder weniger so: «Nein, ich rege mich nicht ab, und ich sage dir, warum. Wenn du zu mir sagst, ich solle mich abregen, sagst du, dass ich überreagiere, oder anders ausgedrückt, ich sollte nicht so darauf reagieren. Ich hoffe, du erlaubst mir nicht nur meine Gefühle, sondern auch die Art und Weise, wie ich sie ausdrücken möchte. Da ich dazu eine ganz klare Meinung habe, gibt es keinen Grund, es anders zu sehen. Ich schlage vor, dass du dich mit dem Ernst deines Verhaltens auseinander setzt, statt in mir Schuldgefühle wegen meiner Reaktion hervorzurufen.»

18. Vermeiden Sie persönliche Fragen

Die unvergleichliche Judith Martin (alias Fräulein Anstand) fragt sich in einem ihrer Bücher, warum eine verbreitete und höfliche Aufforderung wie «Wenn Sie noch etwas wissen möchten, zögern Sie nicht zu fragen» sie beunruhigt. Sie stellt fest, dass es das tut, weil viele Menschen nur allzu bereit sind, indiskrete Fragen zu stellen. «Natürlich sollten Sie zögern. Die Pause sollte lang genug sein, um sich zu fragen: ‹Geht mich das etwas an? Könnte die Frage die Gefühle der anderen Person verletzen? Könnte es für diese Person ausfallend wirken?›»[1] Genau in diesem Zögern, in dieser Diskretion, liegt Höflichkeit.

Tabufragen machen weiterhin die Runde, am Leben erhalten durch unsere unermüdliche Neugier für das Leben anderer Leute. Die meisten betreffen Religion, Politik, Geld, persönliche Beziehungen, Gesundheit und die äußere Erscheinung. Hier ist eine Auswahl von Fragen, die – je nach Umständen – von vielen Menschen als aufdringlich empfunden werden:

- «Glauben Sie an Gott?» – «Gehen Sie in die Synagoge?» – «Beten Sie regelmäßig?» – «Sind Sie gläubiger Katholik?» – «Ist Ihr Kind getauft?»
- «Wen haben Sie gewählt?» – «Wählen Sie liberal?» – «Wählen Sie konservativ?»
- «Wie viel verdienen Sie?» – «Wie viel hat das gekostet?» – «Ist es abbezahlt?» – «Was bezahlen Sie monatlich?» – «Wie hoch ist Ihr Nettoeinkommen?»

- «Wie alt sind Sie?» – «Sind Sie verheiratet?» – «Waren Sie schon mal verheiratet?» – «Haben Sie einen Freund?» – «Warum nicht?» – «Warum haben Sie keine Kinder?» – «Hatten Sie beide eine Affäre?» – «Sind Sie schwanger?» – «Leben Sie zusammen?» – «Warum sind Sie noch nicht verheiratet?»
- «Warum gehen Sie zum Arzt?» – «Woran sind Sie operiert worden?» – «Warum sind Sie so blass?» – «Sind Sie krank?» – «Haben Sie abgenommen?» – «Haben Sie zugenommen?» – «Woran liegt das?»

Für manche von uns gibt es Bereiche, die wir vor zufälliger Enthüllung schützen möchten. Daher können uns solche ins Private eindringende Fragen beunruhigen, verlegen machen oder manchmal sogar verärgern. Wie sollen wir auf solche aufdringlichen Fragen antworten? Natürlich höflich. Solche Fragen werden nicht unbedingt aus reiner Neugier und einer Schwäche für Tratsch gestellt. Manchmal ist es aufrichtige Anteilnahme oder der unschuldige Wunsch, andere kennen zu lernen, die diese unzulässige Form annehmen. Das heißt jedoch nicht, dass wir unseren wenig taktvollen Gesprächspartnern erlauben sollten, unsere eigenen Grenzen festzulegen. Wann immer wir glauben, dass unser Privatleben bedroht ist, haben wir das Recht, uns zu schützen.

Hier sind ein paar Formulierungen zum Schutz unseres Privatlebens: «Darüber möchte ich nicht sprechen» – «Das ist eine zu schwerwiegende Frage, um sie jetzt gleich aus dem Stegreif zu beantworten» – «Dies ist keine gute Gelegenheit, um dieses Thema zu diskutieren» – «Wenn es Ihnen recht ist, lassen Sie uns nicht über Geld sprechen» – «Ich möchte lieber nicht über Persönliches sprechen» – «Es tut mir Leid, aber ich sehe nicht ein, warum Sie das wissen müssen».

Jeder einzelne Fall erfordert eine bestimmte Form des freundlichen Ausweichens. «Er muss ein Vermögen gekostet haben», sagt der Gast, der das erste Mal in Ihrem Haus ist und den beeindruckenden alten Stich bewundert. Wenn Sie kein Preisschild darauf kleben möchten, haben Sie die Wahl, entweder nichts zu sagen oder anzumerken: «Ja, ich glaube, es gibt nicht mehr viele davon.» – «Wie oft kommt Ihre Reinemachefrau?», will ein aufdringlicher Nachbar wissen. «Oh, so oft wie nötig», ist eine passende und höfliche Erwiderung.

Zwei Wochen nachdem wir unser Haus zum Verkauf angeboten hatten, klingelte das Telefon. Da es spät am Nachmittag war – die beste Zeit fürs Telefonmarketing –, machten wir uns auf einen weiteren unwillkommenen Verkaufssermon gefasst. Dieses Mal war es die Umzugs- und Lagerungsfirma X. «Planen Sie immer noch umzuziehen?», fragte der Anrufer ohne jegliche Einleitung. Dass ein vollkommen Fremder aus heiterem Himmel ihr eine solche Frage stellte, entsetzte meine Frau. Sie antwortete, dies gehe nur uns und keinen anderen etwas an, und legte auf.

Wenn der Anrufer so angefangen hätte: «Guten Abend, Frau Forni. Wir haben gesehen, dass Ihr Haus zum Verkauf steht, und fragen uns, ob wir Ihnen Informationen über unsere Umzugs- und Lagerungsdienste zusenden dürfen», dann wäre Virginias Reaktion ganz anders ausgefallen. Beachten Sie, dass in dieser hypothetischen Version keine direkte Frage gestellt wird. Die Firma X hatte dagegen nicht die geringste Chance, mit uns ins Geschäft zu kommen. Durch die rüde, ungehobelte Art der Kommunikation stand das überhaupt nicht zur Debatte.

Eine Frage aus heiterem Himmel mag von einem Fremden verletzend, von einem Freund oder Verwandten dagegen akzeptabel sein. Sie kann auch akzeptabel sein, wenn Sie dem anderen einen deutlichen Hinweis gegeben haben, dass Sie willens sind, über Persönliches zu sprechen. Doch auch dann ist es immer taktvoller und besser, sich mit direkten persönlichen Fragen zurückzuhalten. Im natürlichen Prozess des Bekanntschaftschließens, Anfreundens und Vertrautwerdens gibt es Formen, auf persönliche Fragen zu antworten, ohne dass sie explizit gestellt werden. Ihr Gesprächspartner wird freiwillig Informationen über sich preisgeben, wenn die Zeit dafür gekommen ist. Seien Sie darum ein rücksichtsvoller Bekannter und ein loyaler Freund; zeigen Sie ein unaufdringliches Interesse an der anderen Person und lassen Sie der Beziehung Zeit, sich zu entwickeln. Die Antworten folgen dann von selbst.

Haben Sie keine Angst, dass die Konversation stocken könnte, wenn Sie persönliche Fragen zurückhalten. Nur ein schlechter Gesprächspartner findet keinen anderen Weg, als mit Salven aufdringlicher Fragen eine Unterhaltung in Gang zu halten. Ein guter Gesprächspartner dagegen macht das Beste aus freiwillig geäußerter Information. Das Geheimnis ist, Fragen zu stellen, die nicht auf ungehörige Weise persönlich sind und die Sie gleichzeitig interessieren. Wenn jemand Ihnen eine Geschichte aus seinen längst vergangenen Tagen als Soldat erzählt, könnten Sie ihn beispielsweise fragen, wie es damals in der Armee war. Werden Sie mit einem Hundezüchter bekannt gemacht, könnten Sie sich für die Herausforderungen bei der heutigen Hundezucht interessieren. Eine Frau, die Ihnen erzählt, dass sie früher eine Nonne war, wird wahrscheinlich keinen Anstoß daran nehmen, wenn Sie fragen, was sie am religiösen Leben so anziehend fand. Erst wenn Sie den Erfahrungen Ihres Gegenübers angemessen Aufmerksamkeit geschenkt haben, werden Sie vielleicht eine Verbindung zu Ihren eigenen ziehen wollen. Vielleicht waren auch Sie in der Armee. Vielleicht war Ihr Lieblingsbuch als Kind eines über Hundezucht. Vielleicht haben Sie entdeckt, dass Spiritualität mit zunehmendem Alter an Bedeutung für Sie gewinnt. Es gibt immer einen Weg, wahres Interesse an anderen zu zeigen.

Zwei abschließende Bemerkungen. Erstens: Um Erlaubnis zu bitten, ob man eine persönliche Frage stellen darf, macht die Frage nicht weniger aufdringlich. Bevor Sie jemanden fragen, «Darf ich Ihnen eine persönliche Frage stellen?», überdenken Sie, ob es einen zwingenden Grund gibt, ein Thema anzusprechen, das dem anderen unangenehm sein könnte oder das Sie begierig erscheinen lässt, den Schleier seiner oder ihrer Privatsphäre zu lüften. Zweitens: Wir können nicht nur aufdringlich sein, indem wir anderen Menschen Informationen über sie entlocken, sondern auch wenn wir Informationen über uns selbst preisgeben. Der Fremde, den Sie gerade erst kennen gelernt haben, muss nicht wissen, ob Ihre Schwangerschaft geplant war oder wie viel Ihre letzte Gehaltserhöhung betrug. Diese Art von Mitteilungen setzt eine engere Beziehung voraus. Andere zu respektieren bedeutet, in persönlichen Angelegenheiten diskret zu sein.

Entdecke ich da einen Akzent?

«Sie haben einen Akzent. Woher kommen Sie?» Obwohl ich beinahe schon ein Vierteljahrhundert in den Vereinigten Staaten lebe, begegne ich dieser Frage noch immer. Normalerweise stört sie mich nicht. Manchmal bitte ich die Leute zu raten, woher ich stamme. (Schweden, Polen, Frankreich, Holland, Großbritannien und Deutschland wird – fälschlicherweise – meistens gesagt.) Doch ich kann nicht behaupten, dass ich dieser Frage ganz gelassen gegenüberstehe.

Für viele Nicht-Muttersprachler ist der Akzent eine schwerwiegende Angelegenheit; sie mögen es nicht, wenn sie wieder und wieder danach gefragt werden. Sie haben etwas dagegen, weil sie es als ungerechtfertigte (wenn auch unbeabsichtigte) Kritik an ihren sprachlichen Fähigkeiten verstehen. Sie fühlen, dass, egal, was sie tun, um sich zu integrieren, sie immer Außenseiter bleiben werden. Oder sie ziehen es vor, keine Informationen über ihren Hintergrund zu geben, aus welchen Gründen auch immer. Generell empfehle ich Ihnen, Bemerkungen über den Akzent anderer zu vermeiden. Suchen Sie auch nicht den Weg über ein Kompliment. Komplimente über den Akzent («Es hört sich so nett an» – «Es klingt so melodisch» – «Es klingt so exotisch») klingen oft herablassend.

Halten Sie überdies Ihre Neugierde über die ethnische Herkunft anderer stets im Zaum. Die Menschen mögen auf ihre spanische, afrikanische, arabische oder indianische Herkunft stolz sein, aber sie könnten unbedacht geäußerte Fragen darüber, «wer oder was» sie sind, übel nehmen. Sie könnten denken, dass Sie sie klassifizieren und sich nicht die Mühe machen wollen, sie als Individuen zu behandeln.[2] Es ist nichts Falsches daran, Interesse an der Herkunft Ihres Gegenübers zu zeigen, aber Takt sollte die Oberhand behalten. Anstatt jemanden explizit nach seiner ethnischen Herkunft zu fragen, lassen Sie diese Information lieber im natürlichen Verlauf des Gesprächs oder der Beziehung zu Tage treten.

19. Sorgen Sie für Ihre Gäste

Was gibt es Angenehmeres als die Bande zwischen Gastgeber und Gast?

Aischylos

Du sollst den anwesenden Gast, der bleiben möchte, willkommen heißen und den ziehen lassen, der zu gehen wünscht.

Homer

Ich kenne Gastfreundschaft. In meiner Jugend hatte ich das große Glück, regelmäßiger Gast guter Menschen zu sein, für die Freunde im Haus zu haben genauso selbstverständlich war wie zu atmen. Der jüngste ihrer drei Söhne war mein bester Freund, und ich wuchs praktisch in ihrem Haus auf. Ich gehörte so sehr zum Inventar, dass Signora Giovanna mich Ihren Bekannten nonchalant so vorstellte: «Und dies ist mein vierter Sohn.» Sie war nie anders als freundlich und mütterlich zu mir. Niemals haben sie oder ihr Mann mir das Gefühl vermittelt, ich sei unwillkommen. Sie gaben mir ein Gefühl der Zugehörigkeit und der Wichtigkeit. Ich weiß heute, dass sie mir das Selbstbewusstsein einimpften, das ich dringend benötigte. Und ich bin ziemlich sicher, dass die positiven Auswirkungen noch nach all den Jahren in mir nachwirken.

Nicht alle Gastgeber sind in der Lage, einen so wunderbaren Einfluss auf ihre Gäste auszuüben. Es ist etwas Wahres in der Bemerkung von Anthelme Brillat-Savarin: «Einen Gast zu bewirten heißt die Verantwortung für sein Glück übernehmen.»[1] Sicher wollen Sie Ihren Gästen eine schöne und behagliche Zeit bescheren. Widmen Sie sich ihrem Wohlergehen und achten Sie auf die feinen Details. Eine Ankündigung nach dem Essen wie «Ich kann Tee oder Kaffee machen, wenn Sie wollen», mag denen, die Ihnen keine Umstände bereiten möchten, höfliche Ablehnung entlocken. Wenn Sie stattdessen sagen: «Ich koche einen Kaffee oder Tee, möchten Sie welchen?», ermutigen Sie damit Ihre Gäste, Ihre Gastfreundschaft zu genießen. Ähnliches gilt für kleine Mahlzeiten. Fragen Sie nicht, ob jemand etwas essen möchte. Stellen Sie das Essen einfach hin und bieten Sie es an. Dann kann jeder frei entscheiden, ob er etwas möchte.

Ihre Gäste sollten nicht denken, dass sie sich Ihre Gastfreundschaft erst verdienen müssen. Zeigen Sie einem Gast, der Arzt ist, nicht Ihren Hautausschlag, oder fragen Sie den Anwalt nicht, welche Unternehmensform für Ihre Firma die beste wäre. Wenn Sie seinen professionellen Sachverstand brauchen, rufen Sie sie am nachsten Tag im Büro an. Einen Ihrer Gäste um eine Darbietung zu bitten ist unangebracht, es sei denn, Sie wissen, dass er oder sie es gern tut (und dass Ihre anderen Gäste die Vorstellung erfreuen würde). Ihre Dinergäste sind keinesfalls verpflichtet, Ihnen in der Küche zu helfen, weder vor noch nach dem Essen. Wenn sie es anbieten und es Ihnen recht ist, akzeptieren Sie mit einem schlichten «Gern, danke».

Diese Regeln ändern sich für Hausgäste, die länger als ein paar Tage bleiben. Dann können Sie selbstverständlich

Hilfe von ihnen erwarten. In seinem eleganten Buch über das kultivierte Leben erzählt Dwight Currie eine amüsante Geschichte von Gastfreundschaft:

> Vor ein paar Jahren kam ich zu einem einwöchigen Besuch in das Haus eines Freundes. Er begrüßte mich an der Tür mit einem herzlichen «Willkommen! Fühl dich ganz wie zu Hause!». Ich dankte ihm und versicherte ihm, dass ich mich bestimmt wohl fühlen werde. Er erwiderte: «Mein Haus gehört dir!» Ich dankte ihm nochmals für seine Gastfreundschaft, und wieder überbot er das bereits Gesagte. «Meine Küche gehört dir!», und bevor ich antworten konnte, setzte er sein Willkommen fort: «Mein Lebensmittelhändler gehört dir», fuhr er fort, «mein Herd gehört dir, mein Geschirrspüler gehört dir, mein Besen gehört dir.» Er hielt ein, grinste und fragte: «Alles klar?» Ich nickte.[2]

Currie erinnert sich, wie befreiend es für ihn als Hausgast war, als man ihm sagte, man erwarte von ihm, dass er sich um sich selbst kümmere und seinen Teil beitrage. Er fühlte sich entspannt und wirklich wie zu Hause. Nun mag die verschmitzte Offenheit von Curries Freund nicht Ihre Art sein. Entscheidend ist, dass wenn Sie sich von Ihren Gästen bei verschiedenen kleinen Arbeiten helfen lassen, diese dann nicht das Gefühl haben, Ihnen zur Last zu fallen, und Ihre Gastfreundschaft umso mehr genießen.

Ihre Gäste sollten wissen, dass Sie gern Zeit mit ihnen verbringen, aber achten Sie darauf, dass Sie sie nicht mit Ihrer Aufmerksamkeit überfahren. Fragen Sie, ob es etwas gibt, was sie gern machen möchten. Sie können einige mögliche Aktivitäten vor ihrer Ankunft planen, wobei Sie gemeinsame Interessen berücksichtigen sollten. Als einfühlsamer Gastgeber lassen Sie sie spüren, dass Sie Ihre Pläne nicht nur für sie geschmiedet haben, sondern dass sie auch Ihnen selbst Vergnügen bereiten würden. Die Kunstausstellung im Museum, die Sie schon seit Wochen besuchen wollten? Dies ist die ideale Gelegenheit, dorthin zu gehen: Alle hätten etwas davon. Wechseln Sie zwischen aktiven und ruhigen Tagen ab. Ein überfrachtetes Programm kann anstrengen und sowohl Gäste als auch Gastgeber ermüden.

Ihre Gäste sollten fühlen, dass sie frei über ihre Zeit verfügen können, obwohl sie bei jemand anderem sind. Zum Thema Kunstausstellung könnten Sie zum Beispiel sagen: «Wir könnten morgen ins Museum gehen, aber wenn du etwas allein machen möchtest, ist es mir auch recht.» Andererseits sind Sie frei, auch Zeit für Ihre eigenen Verabredungen zu beanspruchen. («Ich hoffe, es macht dir nichts aus, wenn du morgen Nachmittag allein bist. Ich muss einiges erledigen.») Manchmal möchten Sie vielleicht eine Weile für sich sein, eine Pause von Ihren Pflichten als Gastgeber haben – tanken Sie ruhig wieder auf. Gehen Sie sicher, dass Ihre Gäste Sie im Notfall erreichen können, aber machen Sie ihnen klar, dass die Zeit, die Sie für sich beanspruchen, Ihnen gehört.

Und vergessen Sie nicht, dass es ein Hauptanliegen eines Gastgebers ist, seine Gäste besser kennen zu lernen und die gemeinsamen Bindungen zu stärken. Um dies zu tun, brauchen Sie nur zuzuhören und aus dem Herzen zu reden.

20. Seien Sie ein rücksichtsvoller Gast

Ungeladne Gäste sind nicht willkommner meist, als wenn sie gehen.

William Shakespeare

Im Zeitalter von E-Mails und Mobiltelefonen gibt es keine Entschuldigung mehr, unangemeldet bei einem Freund hereinzuplatzen. Wenn Sie zum Abendessen oder zu einer Party eingeladen sind, respektieren Sie die Anfangs- und Endzeiten. Überziehen Sie nicht, aber gehen Sie auch nicht zu früh. Verlassen Sie sich auf den gesunden Menschenverstand und auf die Hinweise Ihres Gastgebers.

Ein guter Gast bringt niemals einen Überraschungsgast mit. Wenn die Einladung für Sie und einen Freund gilt oder für Sie und Ihren Ehepartner, dann heißt dies nur Sie beide, egal, ob es Ihnen gelegen käme, Ihre Cousine samt Ehemann, die gerade zu Besuch sind, mitzubringen. Oder Ihre Kinder.

Es ist das Vorrecht Ihrer Gastgeber, die Einladung zur Party auf Kinder auszuweiten. Wenn sie Kinder nicht erwähnen, ist anzunehmen, dass sie nicht eingeschlossen sind. Versuchen Sie nicht, eine Sondererlaubnis zu erwirken. Damit würden Sie Ihre Gastgeber unziemlich unter Druck setzen. Sie würden vielleicht zögernd Ja dazu sagen, aber es wäre unfair allen anderen Gästen gegenüber, die die Regeln befolgen (indem sie entweder die Einladung ablehnen oder Babysitter engagieren), oder sie könnten

Ihnen ins Gesicht Nein sagen. Auf jeden Fall hätten sie eine unangenehme Aufgabe. Und dies verdienen sie nicht zum Dank dafür, dass sie so nett waren, Sie einzuladen.

Setzen Sie nie voraus, dass Fido oder Waldi willkommen sind. Ein Hinweis: Allergien. Ein weiterer: Verträglichkeit mit den Haustieren der Bewohner. Denken Sie auch an den Schaden, den Ihr Tier im Heim anderer anrichten kann. Es liegt in Ihrer Verantwortung, für Ihre vierbeinigen Gefährten einen sicheren Platz zu finden, während Sie die Gastfreundschaft anderer Leute genießen.

Erzwingen Sie nie eine Einladung. Eine Äußerung wie «Vielleicht kommen Sie einmal mit auf unser Boot» ist kein Freibrief, sofort eine konkrete Verabredung zum Segeln vorzuschlagen. Wenn Sie eingeladen werden, zwei Wochen bei Ihren Freunden zu verbringen, bleiben Sie auch nur zwei Wochen. Damit respektieren Sie die Privatsphäre und die Zeit Ihrer Freunde. Machen Sie Jane Austens geistreiche Beobachtung zu Ihrer Maxime: «Es war ein herrlicher Besuch; vollkommen dadurch, daß er viel zu kurz dauerte.»[1] Als rücksichtsvoller Hausgast gehen Sie davon aus, dass Sie sich in einem Nichtraucherhaushalt befinden, stellen bei Ihrer Ankunft Ihr Gepäck und Ihre Kleidung außer Sichtweite ab und räumen nicht die Möbel im Gästezimmer um. Machen Sie jeden Morgen Ihr Bett, es sei denn, dass dies die Aufgabe der Haushaltshilfe ist, in diesem Fall ziehen Sie nur Decke und Laken zurecht. Wenn Sie ein Badezimmer teilen, verweilen Sie nicht unnötig lange darin. Ob Sie es teilen oder nicht, halten Sie das Bad sauber und aufgeräumt.

Ihr Leitsatz sollte sein, die für alle zugänglichen Räume so ungestört wie möglich zu belassen. Sie können in Ihrem Zimmer den Fernseher (leise) anstellen, aber die Schallplatten, CDs oder Kassetten Ihrer Gastgeber lassen Sie unberührt. Stehen Sie morgens auf und gehen Sie schlafen, wie es in dem Haushalt üblich ist. Spazieren Sie nicht im Haus herum. Neugier ist kein Grund, im Schlafzimmer, Arbeitszimmer, Keller oder auf dem Dachboden Ihrer Gastgeber aufzutauchen. Diese Räume sind tabu.

Benutzen Sie Ihr Mobiltelefon (in Ihrem Zimmer oder dort, wo es niemanden stört). Stellen Sie sicher, dass die Ruhe im Haus nicht durch eingehende Anrufe gestört wird. Wenn Sie das Haustelefon benutzen müssen, fragen Sie um Erlaubnis, und führen Sie keine teuren Ferngespräche. Ihre Gastgeber sollten wissen, wie Ihre Pläne für den Tag aussehen. Hinterlassen Sie eine Telefonnummer, unter der sie Sie erreichen können. Wenn Sie sagen, dass Sie um sieben Uhr zurückkommen, halten Sie sich daran. Wenn Sie sich verspäten, rufen Sie an. Bringen Sie nicht unangekündigt Besuch mit.

Geben Sie Geliehenes umgehend zurück. Wenn Sie abreisen, nehmen Sie nichts mit, was Ihnen nicht gehört. Auch wenn Ihr Besuch nicht so angenehm wie erwartet war, wahren Sie ein freundliches Gesicht und zeigen Sie, dass Sie die Bemühungen Ihrer Gastgeber, Ihnen einen schönen Aufenthalt zu bereiten, zu schätzen wissen. Danken Sie ihnen wärmstens, bevor Sie fahren, und schicken Sie ihnen eine Dankeskarte, wenn Sie zu Hause angekommen sind. Erwähnen Sie nie Unannehmlichkeiten. Wenn Sie Ihren Besuch Dritten gegenüber erwähnen, sprechen Sie freundlich von Ihren Gastgebern und betonen Sie die positiven Erlebnisse. Geben Sie nie etwas preis, das sie in Verlegenheit bringen könnte.

Auch wenn wir in einem Hotel wohnen, sind wir Gäste. In den Hotels trennt uns heutzutage oft nur eine dünne, lärmdurchlässige Wand von anderen Gästen. Nehmen Sie Rücksicht. Ich erinnere mich daran, wie ich vor einigen Jahren eines Morgens sehr früh in einem Hotelzimmer erwachte. Virginia und ich wollten das Zimmer in den nächsten Stunden nicht verlassen. Sie erinnerte mich daran, als ich gerade duschen gehen wollte, denn in der Nacht zuvor hatte sie bemerkt, dass die Geräusche ungehindert von Badezimmer zu Badezimmer drangen. Warum sollte ich nicht eine Stunde warten, bevor ich Lärm machte. Unsere Nachbarn im angrenzenden Zimmer würden es zu schätzen wissen. Eine gute Idee – ich wünschte, ich hätte sie selbst gehabt.

Machen Sie sich bewusst, dass ein Hotelzimmer auch ein Arbeitsplatz ist. Ein großzügiges Trinkgeld gibt Ihnen nicht die Erlaubnis, unsensibel und nachlässig zu sein. Überprüfen Sie, bevor Sie den Raum verlassen, ob alle Essensreste im Papierkorb sind, ob die Unterwäsche nicht über den Boden verstreut, die Toilette gespült und das Badezimmer nicht überschwemmt ist. Das Reinigungsteam, das schon alles erlebt hat, wird Ihnen dankbar sein.

Eine Anmerkung zum Umgang mit Dingen, die anderen gehören

Ich entspannte mich seit einer Stunde in dem schaukelnden, brandneuen, makellos sauberen Wagen eines Zugs nach New York. Beim nächsten fahrplanmäßigen Halt in Delaware stiegen ein junger Mann und eine junge Frau zu. Sie zogen zwei riesige Gepäckstücke lärmend und umständlich durch den Gang. Sie machten bald Halt. Ohne zu zögern, kletterte der Mann auf einen Gangsitz und hob mühsam mit der Hilfe seiner Begleiterin einen der sperrigen Koffer in die Gepäckablage. Dann stieg die junge Frau auf den anderen Sitz, um die Operation abzuschließen. Und dann trampelten sie weiter auf den brandneuen Sitzen und sogar auf den Armlehnen herum, bis auch der zweite Koffer an seinem Platz verstaut war.

Vielleicht haben wir vor Gegenständen keine Achtung, weil wir so viele besitzen. In einer sehr wohlhabenden Gesellschaft scheint nichts wirklich Wert zu haben – besonders natürlich Dinge, die uns nicht gehören. Vielleicht hätte ich etwas zu meinen jungen Mitreisenden sagen sollen, etwas wie: «Haben Sie schon mal daran gedacht, dass die Sitze nicht lange halten, wenn alle darauf herumtrampeln, und dass die Eisenbahngesellschaft die Kosten für zerstörtes Inventar auf die Preise aufschlägt und dass viele Fahrgäste, darunter auch ich, lieber auf sauberen als auf schmutzigen Sitzen reisen?»

Ich habe bei solchen Gelegenheiten schon öfter den Mund aufgemacht, aber diesmal fühlte ich mich einer Konfrontation nicht gewachsen. Ich werde es im Buch schreiben, dachte ich. (Was ich hiermit getan habe.) Es ist mir ein großes Anliegen, die Achtung vor Dingen, die anderen gehören, im Alltag wieder einzuführen. Mit Dingen, die anderen Menschen (oder der Allgemeinheit) gehören, pfleglich umzugehen beweist unseren Respekt für andere. Dazu gehört, ein rücksichtsvoller Gast zu sein, egal, wo wir sind: in einem Flugzeug, im Haus eines Freundes, im Kino, in einer Arztpraxis, in einer öffentlichen Bibliothek oder auf einem öffentlichen Platz.

21. Überlegen Sie gut, bevor Sie um einen Gefallen bitten

> Bitten Sie nicht gedankenlos oder zu oft um einen Gefallen. Bedenken Sie die Mühe, um die Sie ersuchen. Wenn möglich, versuchen Sie die Aufgabe anders zu lösen. Zeigen Sie sich erkenntlich für einen Gefallen, den man Ihnen erwiesen hat. Zollen Sie Anerkennung, auch wenn die Aufgabe für die andere Person scheinbar leicht war – sie könnte Schwierigkeiten oder Unannehmlichkeiten vor Ihnen verbergen wollen.
>
> *Janet Gallant*

Schon immer habe ich Gefälligkeiten mit gemischten Gefühlen gegenübergestanden. Auf der einen Seite helfen wir einander täglich, auf der anderen ist ein Gefallen oft eine Zumutung oder die Bitte um ein Privileg, das anderen gegenüber unfair ist, und schließlich sind wir, wenn uns jemand einen Gefallen tut, ihm mehr oder weniger verpflichtet. All dies sind Gründe, gut darüber nachzudenken, bevor wir um einen Gefallen bitten. Ich sage nicht, dass es in unserem Leben keinen Platz für Gefallen geben sollte. Meine Empfehlung ist, zuerst immer selbst eine Lösung für unsere Probleme zu suchen. Wir sind so daran gewöhnt, uns auf Gefälligkeiten zu verlassen, dass wir oft vergessen, uns nach Alternativen umzuschauen – und wir vergessen, dass eigene Arbeit langfristig gesehen sehr viel befriedigender ist.

Es gibt zwei Arten von Gefallen. Die erste betrifft nur den Bittenden und den Gewährenden. Meine Frau und ich lesen in unseren Gartenstühlen. Virginia steht auf, um in die Küche zu gehen, und ich frage sie, ob sie mir den Gefallen tun würde, mir Eistee nachzuschenken. Dies ist eine sehr einfache Bitte. Ich bitte sie, etwas für mich zu tun, und sie ist so freundlich, es zu erfüllen; nur wir beide sind von unserem Austausch betroffen. Sie mag dies als eine kleine Zumutung empfinden, und ich denke vielleicht, dass ich ihr einen kleinen Dank schulde. Aber damit hat es sich.

Gefallen der zweiten Art haben Konsequenzen, die auch Dritte betreffen. Virginia will zur Bibliothek fahren, wo sie arbeitet. Sie ist schon fast aus der Tür, als ich sie aufhalte. Ohne darüber nachzudenken, bitte ich sie, mir die aktuelle Ausgabe einer Zeitschrift mitzubringen, die ich für meine Arbeit am Wochenende benötige. Oberflächlich ähnelt diese Bitte derjenigen um das Glas Eistee. Doch wissen wir beide, sie und ich, dass aktuelle Zeitschriften der Bibliothek nicht entliehen werden können. Wenn ich die Zeitschrift am Wochenende zu Hause habe, wird sie für andere nicht zugänglich sein. Um was ich sie bitte, ist ein Verstoß gegen die Ordnung an ihrem Arbeitsplatz und verursacht möglicherweise Unannehmlichkeiten für ihre Kunden um meiner Bequemlichkeit willen. Ist das richtig? Sollte sie mir den Gefallen tun? Natürlich nicht. Also steige ich ins Auto und fahre selbst in die Bibliothek.

Es ist völlig in Ordnung, um Gefallen der ersten Art zu bitten, sofern unsere Bitten vernünftig sind. Das System funktioniert aber nicht, wenn der eine immer um Gefallen bittet und der andere sie immer gewährt. Hier ist Fairness von größter Bedeutung.

Fairness gehört sich auch bei Gefallen der zweiten Art.

Wir sollten immer in Betracht ziehen, dass irgendjemand irgendwo den Preis für einen Gefallen zahlen muss, um den wir bitten oder den wir gewähren, dass also unser Vorteil jemand anderen benachteiligt.

Eine schlimme Erkältung hindert Arnolds Kinder daran, in die Schule zu gehen. Arnold könnte einen Babysitter engagieren oder einen Tag frei nehmen, um sich um sie zu kümmern. Stattdessen bittet er seinen Chef, die Kinder zur Arbeit mitbringen zu dürfen. Nun haben wir zusätzlich zu Arnolds üblichem Büroalltag zwei hustende, schniefende, gelangweilte und nörgelnde Kinder. Arnold schenkt seiner Arbeit so viel Aufmerksamkeit wie möglich, während er versucht, die Kinder unter Kontrolle und bei Laune zu halten. Schließlich gibt er auf, trommelt die Kinder zusammen und geht früh nach Hause.

Erinnern wir uns: Arnold hatte mindestens zwei Alternativen, die keine Zumutung oder Unterbrechung bedeutet hätten. Er wählte den einfachsten Weg (der sich im Nachhinein als der schwierigste erwies), anstatt rücksichtsvoll und professionell zu handeln. Er brachte seinen Chef in Verlegenheit, als er ihn um den Gefallen bat; er konnte nicht produktiv arbeiten, und er bürdete unfairerweise seinen Kollegen ein Problem auf, das eigentlich nur sein eigenes war und es auch hätte bleiben sollen. Seine Lösung war auch den Kindern gegenüber unfair, die sicherlich bessere Pflege verdient hätten.

Nicht um einen Gefallen zu bitten ist schwierig, aber vielleicht nicht so schwer wie «Nein, danke» zu sagen, wenn man uns einen anbietet. Stellen wir uns vor, Arnold hätte im Büro angerufen und gesagt, dass er ein Problem mit den Kindern habe, und hätte von seinem Chef zur Antwort bekommen: «Warum bringen Sie sie nicht mit zur

Arbeit?» Und nehmen wir an, Arnold hätte geantwortet: «Es ist sehr nett, dass Sie dies anbieten, aber mir ist nicht wohl dabei. Ich werde eine andere Lösung finden. Ich komme vielleicht eine halbe Stunde später.» Damit hätte er die kleine Krise recht beeindruckend gemeistert.

Aber was ist mit unseren Freunden? Sind Freunde nicht dazu da, damit man sie um Gefallen bittet? Wenn Sie mein Freund sind, sollte ich dann nicht eine bevorzugte Behandlung durch Sie erwarten dürfen? Zeigen wir so nicht unsere Freundschaft? Ich muss gestehen, ich habe über Freundschaft nie so gedacht. Für mich ist Freundschaft, wie man sich mit Freunden fühlt, und hat nichts damit zu tun, was man von ihnen bekommen kann. Der gelegentliche Austausch von Gefallen kommt in jeder Freundschaft vor, aber wahre Freundschaft basiert nicht auf der Erwartung, dass unsere Freunde uns Gefallen tun. Welche Art von Freund wären Sie gern? Ein Freund, der im Namen von Freundschaft um Gefallen bittet, oder ein Freund, der um so wenig Gefallen wie nötig bittet aus Respekt vor seinen Freunden?

Das Prinzip, dass man erst versucht, ein Problem allein zu lösen, und sich nur als letzte Möglichkeit an andere wendet, gilt besonders für Freunde. Wir haben die Pflicht, unseren Freunden zu zeigen, dass wir uns nicht an sie wenden, weil dies für uns bequem ist, sondern weil wir einen zwingenden Grund haben. Des Weiteren ist kein Grund so zwingend, dass wir unsere Freunde um etwas bitten, das wir selbst nicht tun würden, wenn Not am Mann wäre.

Unsere Maximen treten im Umgang mit Freunden nicht außer Kraft. Wenn Sie an Ehrlichkeit glauben, bringen Sie diese in die Freundschaft ein, statt sie ihr Opfer werden zu lassen. Sollten Freunde erwarten, dass Sie sie für einen Job empfehlen, für den sie nicht qualifiziert sind?

Oder, um es ganz plump zu sagen, erwartet man von Freunden, für ihre Freunde zu lügen? Nein, Freunde müssen nicht für Freunde lügen, und Freunde bitten auch nicht darum. Wenn Sie einen Freund im Namen der Freundschaft bitten, etwas Unredliches oder Illegales zu tun, haben Sie schon aufgehört, ein Freund zu sein.

Was Sie bei einem Gefallen bedenken sollten:

- Muss ich wirklich um diesen Gefallen bitten, oder suche ich nur eine einfache Lösung des Problems?
- Ist das, worum ich bitte, redlich und legal?
- Ist es fair und vernünftig, dies von der betreffenden Person zu erbitten? Wäre es für *mich* in Ordnung, diesen Gefallen zu gewähren?
- Wen außer mir wird dies betreffen? Ist die Gewährung des Gefallens zum Nachteil von anderen Personen, oder werden andere dadurch verletzt?
- Wird mir wohl dabei sein, dieser Person gegenüber verpflichtet zu sein? (Es ist ratsam, von einem Gefallen Abstand zu nehmen, wenn man einer Person nicht ganz traut oder sie nicht hundertprozentig respektiert.)
- Wenn mir dieser Gefallen gewährt wird, wird dies meine Freundschaft beeinflussen? Wie verhält es sich, wenn mir der Gefallen verweigert wird?

Gerade was den letzten Punkt angeht, denken Sie an die widersprüchlichen Gefühle, die in Freunden hochkommen, wenn sie einander Geld borgen oder leihen. Eine Freundschaft kann gestärkt daraus hervorgehen, aber sie kann auch unwiederbringlich zerstört werden.

22. Beklagen Sie sich nicht unnötig

Fluche nicht über die Dunkelheit, sondern entzünde eine Kerze.

Chinesisches Sprichwort

Dann denke ich nicht an all das Elend, sondern an die Herrlichkeit, die bleibt.

Anne Frank

Bei dieser Regel geht es nicht um gerechtfertigte Proteste. Höflich seinem Missvergnügen Ausdruck zu verleihen ist sicherlich angebracht, wenn Sie es mit einem verdrießlichen oder inkompetenten Verkäufer zu tun haben, einem unaufmerksamen Kellner, einem übellaunigen Taxifahrer, einem störenden Kind, einem penetranten Kollegen, dem unvernünftigen Chef, einem arroganten Gesetzeshüter, einem neugierigen Verwandten und einem lauten Nachbarn – um nur einige Beispiele zu nennen. In diesen Fällen äußern Sie Ihre Meinung nicht nur aus Selbstachtung, sondern Sie tun etwas gegen Ihr momentanes Problem, auch in der Hoffnung denjenigen zu helfen, die mit dem Verursacher des Problems in Zukunft zu tun haben werden. Es besteht immer die Möglichkeit, dass Sie eine Veränderung zum Guten bewirken.

Bei dieser Regel geht es auch nicht um das gelegentliche therapeutische Teilen von Kummer. Tatsächlich kann man in einer Beschwerde Trost finden. Was ich hier meine, sind laufende oder wiederkehrende Beschwerden, die ungerechtfertigt Kummer verbreiten. Jene Art, die eher Hilflosigkeit denn Selbstbehauptung erkennen lässt und mehr daran interessiert ist, Schuld zuzuschreiben als Lösungen zu finden, und in dem Gefühl wurzelt, dass das Leben unfair ist. Enttäuschungen, entmutigende Rückschläge und Träume, die nicht wahr werden, sind unvermeidlich Teil des Lebens. Jeder Tag unseres Lebens bringt jedoch eine Fülle von Gründen mit sich, dankbar zu sein. Es liegt an Ihnen, sich der Unzufriedenheit und dem Groll zu ergeben oder Zufriedenheit und Freude zu Ihrer Sache zu machen. Ich rate Ihnen, von heute an alles für die Freude zu tun, nicht nur zu Ihrem eigenen Vorteil, sondern auch zum Vorteil derjenigen, die Ihnen am nächsten stehen.

Was aber ist falsch daran, sich unnötig zu beschweren? Es ist nicht gut, weil Sie sich auf Probleme konzentrieren, statt Lösungen zu suchen, wodurch sich eine pessimistische Lebenseinstellung verstärkt. Und es ist nicht gut für Ihre Umgebung, weil sich Ihr Pessimismus auf sie überträgt.[1] Pessimismus ist so etwas wie freiwillig durch Morast zu waten. Wenn Sie sich beschweren, stecken Sie Ihre unglücklichen Zuhörer in Ihren eigenen Schlamm und schleppen sie unnötigerweise mit. Wenn Sie gerade eine Tirade darüber loslassen wollen, was in Ihrem Leben oder in der Welt alles schief läuft, dann halten Sie ein und denken Sie nach. In diesem Moment unterschätzen Sie den Einfluss, den Sie auf Ihr eigenes Leben – und das von anderen – zum Besseren hin ausüben können. Gerade eben haben Sie es in der Hand, Ihre Energien von einem fruchtlosen Negativismus umzulenken. Ja, die Welt könnte auf tausenderlei Art besser sein, aber Sie können auch selbst viel dafür tun. Ruhe, Freude und Glück sind – zu einem großen Ausmaß – Geschenke, die wir uns selbst machen. Sie sind das Ergebnis klugen Denkens und Handelns. Man kann nicht alles Elend dieser Welt eliminieren, aber wir können auf die bestehende Herrlichkeit schauen. Dies erreichen Sie, indem Sie unnützes Klagen unterlassen.

Finden Sie zunächst allein und später mit Hilfe von jemandem, der Sie gut kennt, die Dinge heraus, über die Sie sich immer wieder beklagen. Welche sind es? Nicht genug Anerkennung bei der Arbeit zu erhalten? Nicht genug Geld zu verdienen? Die wachsende Steuerlast? Die Mühsal des Pendelns? Das Wetter, das einfach nicht mitspielen will? Der schlechte Service im Einzelhandel? Die Krise im Erziehungswesen? Der Egoismus der Jungen? Die Last des Älterwerdens? Ihre ungenügende medizinische Versicherung? Nie genug Zeit für sich zu haben? Nachdem Sie eine Liste Ihrer wiederkehrenden Themen erstellt haben, wählen Sie eines aus und machen Sie seine Ausmerzung zu Ihrem Projekt des Monats. Kontrollieren Sie sich selbst den ganzen Monat: Wann immer Sie das Verlangen spüren, sich über das Thema dieses Monats zu beklagen, hören Sie auf. Aber versuchen Sie nicht, es zu vergessen – schalten Sie auf Problemlösung um. Was sind die Gründe für dieses Problem? Was können *Sie* tun, um es zu ändern? Nächsten Monat werden Sie einen anderen Grund zum Klagen eliminieren und so weiter, bis Sie alle Punkte auf Ihrer Liste abhaken können.

Beschwerden können eine Form der Selbsttäuschung sein. Wenn wir uns beklagen, übertragen wir die Unzufriedenheit mit unserem Leben oft auf andere. Wenn wir uns darüber beschweren, was uns andere antun, verdrängen wir unsere eigenen Schwächen und Fehler und können daher keine Verbesserung für unser Leben bewirken. Hinter einer Beschwerde über die Qualität des Service in einem Restaurant kann zum Beispiel der Frust lauern, keine strenge Diät einhalten zu können. Die scharfe Kritik am Lehrer oder an der Lehrerin des kleinen Kindes kann den Bedenken entspringen, das Kind einen großen Teil des Tages in der Obhut eines Fremden zu lassen. Wir beklagen uns über die Welt, weil wir unglücklich über uns selbst sind. Wenn wir dieser einfachen psychologischen Verschiebung fortwährende Aufmerksamkeit schenken, wird es einfacher, die Beschwerden unter Kontrolle zu bringen.

«Ich flehe euch bei allen Engeln an», schreibt Ralph Waldo Emerson, «still zu sein und nicht den Morgen, zu dem alle Hausgenossen heitere und freundliche Gedanken beitragen, mit Jammern und Klagen zu verpesten.»[2] Emersons Worte kommen mir immer wieder in den Sinn. In der Tat glaube ich, dass es eine sehr gute Sache ist, Zurückhaltung zu üben und anderen Menschen nicht den heiteren Morgen mit unserer Unzufriedenheit zu verderben. Sollte deren Morgen sowieso schon weniger heiter begonnen haben, möchte man nicht noch weitere Gründe zur Unzufriedenheit hinzufügen. Ermutigen Sie sie im Gegenteil, nach Gründen für eine Aufheiterung zu suchen. Helfen Sie ihnen intensiv bei der Suche. Man wird Sie kaum für die Entdeckung eines Silberstreifens am Horizont tadeln.

Die Qualität von Dienstleistungen und die Qualität am Arbeitsplatz

Ich schätze guten Service. Ich weiß einen Verkäufer zu schätzen, der schnell, aufmerksam, höflich und professionell ist. Ich bin gewillt, gute Dienstleistungen zu belohnen, aber ich werde mein Missfallen nicht zurückhalten, wenn ich glaube, dass der Service besonders schlecht ist. Ich bin nicht der Meinung, dass der Kunde immer Recht hat, aber ein Kunde oder eine Kundin hat Recht, wenn er oder sie freundlich ist und seine oder ihre Wünsche vernünftig sind. Gegenseitiger Respekt sollte Teil jeder Transaktion zwischen Kunden und Dienstleister sein.

Was macht einen guten Dienstleister aus? Gute soziale Fähigkeiten, eine gute Arbeitsmoral und eine sorgfältige Ausbildung. Ich möchte hinzufügen: ein guter Arbeitsplatz. Wenn wir an Dienstleistungen denken, denken wir in erster Linie an das Verhältnis zwischen Angestellten und Kunden. Aber das Leben der Angestellten hat seine Auswirkungen auf dasjenige der Kunden. Die Qualität des Service ist abhängig von der Lebensqualität derjenigen, die ihn erbringen. Ein gestresster, überlasteter, ermüdeter, schikanierter und unterbezahlter Angestellter wird wahrscheinlich nicht den besten Service erbringen. Ein guter Arbeitsplatz ist auch ein heiterer und produktiver Arbeitsplatz. Er ist in mehr als einer Hinsicht produktiv – unter anderem produziert er guten Service.

Wenn die Angestellten voller Energie und Geduld sind, weil ihre Arbeitsbelastung angemessen ist, wenn sie sich wohl fühlen, weil sie Aufgaben innerhalb ihrer Arbeitsbeschreibungen erfüllen, und wenn sie in Harmonie arbeiten, weil sie sich nicht bedroht und in die Ecke gedrängt fühlen, dann hat all dies einen positiven Einfluss auf die Erfahrung des Kunden. Höflichkeit am Arbeitsplatz zu fördern wird zu einem grundlegenden gemeinsamen Unternehmensziel in unserer vielfältigen, schnellen, gestressten und streitsüchtigen Gesellschaft. Ein anständiger Arbeitsplatz ist gut für die Angestellten, weil ihre Lebensqualität durch das Umfeld verbessert wird. Ein solcher Arbeitsplatz ist aber auch gut für den Kunden, da die Qualität des Service von glücklicheren und entspannteren Dienstleistern verbessert wird.

Angestellte dürfen erwarten, an einem guten Arbeitsplatz zu arbeiten. Ein solcher Arbeitsplatz jedoch kann nur durch die Bemühung jedes einzelnen Arbeitnehmers erreicht und aufrechterhalten werden. Die Verantwortung des Unternehmens ersetzt nicht die Verantwortung jedes Einzelnen. Höflichkeit kommt nicht von selbst. Wenn wir so klug sind, uns die damit verbundenen Vorteile vorstellen zu können, warten wir nicht darauf, sondern arbeiten dafür.

23. Üben Sie konstruktive Kritik

Ein guter Freund hört uns ohne Urteil zu, akzeptiert die Intensität unserer Gefühle, respektiert unseren Schmerz und drückt sein Mitgefühl aus. Ein wirklich guter Freund hilft uns außerdem, die Situation in einem anderen Licht zu sehen.

Mark I. Rosen

Unsere Kritiker sind die unbezahlten Wärter unserer Seele.

Corrie ten Boom

Ich versuche in meiner Kritik konstruktiv zu sein, wenn es mir den Umständen entsprechend richtig erscheint. Ich gestehe, dass ich dies ganz gern tue. (Wenn dem nicht so wäre, bezweifle ich, dass ich die 25 Jahre als Lehrer als so befriedigend empfunden hätte.) Aber ich bekomme auch selbst gern Kritik. Dies ist eine willkommene Gelegenheit zu lernen – meistens über mich selbst, aber auch über meine Kritiker und über das Leben. Auch wenn Kritik nicht immer mit den edelsten Absichten an uns gerichtet wird, hält uns nichts davon ab, sie als nützliches Geschenk zu betrachten.

Kritik zu üben ist eine ernsthafte Angelegenheit und manchmal eine Furcht einflößende Verantwortung. Fragen Sie sich, bevor Sie sprechen, ob Sie beabsichtigen, bei dem Problem zu helfen und nicht zu demütigen, zu manipulieren oder sich zu rächen. Sind Sie sicher, dass es ein Problem *gibt* und dass Sie genau wissen, *was* es ist? Ist dies der richtige Moment, es anzusprechen? Sind Sie so erregt, dass es besser wäre zu warten? In welchem emotionalen Zustand befindet sich die andere Person? Sind andere Leute zugegen, die nicht Zeugen dieses Wortwechsels werden sollten? Ziehen Sie schließlich in Betracht, ob Sie die Erlaubnis der anderen Person erbitten sollten, das delikate Thema anzuschneiden: «Ich habe über etwas, was du getan hast, nachgedacht. Hättest du etwas dagegen, wenn ich mit dir darüber spreche?» Natürlich spricht man angesichts einer Gefahr ohne zu zögern. Ein typisches Beispiel ist der Autofahrer auf einer Party, dem man sagen muss, dass er zu viel getrunken hat, um sich noch ans Steuer zu setzen. Sie werden in dieser Situation sofort handeln wollen, nicht nur um des Fahrers willen, sondern auch für diejenigen, die vielleicht durch sein Verhalten verletzt werden könnten.

> Wenn Sie jemanden ermahnen oder tadeln, sollten Sie gut überlegen, ob dies in der Öffentlichkeit oder im Privaten geschehen sollte, sofort oder später und unter welchen Umständen; wenn Sie jemanden tadeln, tun Sie es ohne Zorn, sondern mit Güte und Milde.
>
> *George Washington*

Um Ihre Kritik konstruktiv und wirksam zu äußern:

- Lassen Sie keine Kritik der ganzen Person vom Stapel, sondern machen Sie einen Kritikpunkt aus. Zeigen Sie einen spezifischen Vorfall auf. Sagen Sie: «Ich denke, die Art, wie Sie gestern die Arbeit unseres Teams verteidigt haben, war vielleicht nicht so wirksam.» Sagen Sie keinesfalls: «Sie sind ein hoffnungsloser Fall.» Überlegen Sie, ob Sie Ihren kritischen Bemerkungen etwas Positives vorausschicken sollten: Es könnte Ihren Gesprächspartner offener machen. Wenn Sie seine oder ihre guten Qualitäten und Verdienste zur Sprache bringen, achten Sie darauf, dass es sich nicht überheblich anhört.

- Statt Anschuldigungen zu äußern oder eine Tirade loszulassen, beschreiben Sie, was Sie beobachtet haben. Sagen Sie: «Mir scheint, es wurden präzisere Prognosen zu den Verkaufszahlen erwartet.» Sagen Sie keinesfalls: «Es war einfach dumm, so unvorbereitet hinzugehen.»
- Zeigen Sie Verständnis dafür, wie die andere Person sich nun fühlt: «Mir ist das auch schon mal passiert. Wenn man weiß, dass das Produkt gut ist, meint man, es sollte jeder schlau genug sein, es gleich zu merken.» Vergessen Sie jedoch nicht, dass Sie sich nicht auf die Vergangenheit, sondern auf die Gegenwart und Zukunft konzentrieren wollen. Schweifen Sie nicht ab.
- Wenn Sie meinen, der Zeitpunkt sei richtig, schlagen Sie eine Lösung vor. Sie können aber auch anbieten, sie gemeinsam zu erarbeiten: «Wenn Sie wollen, können wir zusammen überlegen, wie man unsere Sicht der Dinge nochmals darstellen könnte.»
- Bleiben Sie während des ganzen Gesprächs ruhig und freundlich und zeigen Sie Mitgefühl. Schließen Sie es mit einer positiven Bemerkung ab: «Dies ist nicht das Ende der Welt, nur etwas, um das Sie sich kümmern sollten.»

Kritik entgegennehmen

Wenn wir Kritik, die uns begegnet, geradewegs ablehnen, verzichten wir auf eine wertvolle Quelle von Wissen und Weisheit. Ich will damit nicht sagen, dass jegliche Kritik gut ist. Aber meistens ist etwas dabei, das man sich zu Herzen nehmen sollte. Leider betrachten wir uns selbst oft als die einzigen legitimen Kritiker unserer Handlungen. Ein guter, realistischer Sinn für den eigenen Selbstwert sollte Platz für die Art von Verbesserungen lassen, die nur Kritik und Ratschläge von außen hervorbringen können.

> Lass mich nie den geschmacklosen Fehler begehen zu träumen, man verfolge mich, sooft man mir widerspricht.
>
> *Ralph Waldo Emerson*

Denken Sie nicht, dass Ihr Kritiker ein Feind ist, und seien Sie so offen wie möglich. Wenn Sie nicht zu beschäftigt sind, Ihre Verteidigung aufzubauen, können Sie wenigstens zuhören. Dies ist der erste wichtige Schritt bei der Entgegennahme von Kritik. Hören Sie Ihrem Gegenüber so zu, als seien nicht Sie die Person, an der Kritik geübt wird, sondern jemand anderer. Fragen Sie sich: *Ist diese Kritik berechtigt?* Sollte sie Ihnen zutreffend erscheinen, stimmen Sie ihr einfach zu. Verschwenden Sie nicht wertvolle Energie und Zeit (sowohl die des Kritisierenden als auch Ihre), die Anklagepunkte zu leugnen, Ihre Zustimmung genauestens zu erläutern oder die Motive des Kritisierenden in Frage zu stellen. Sagen Sie einfach und ehrlich «Ich glaube, Sie haben Recht», und fangen Sie an, darüber nachzudenken, was Sie ändern wollen. Wenn Sie dazu noch nicht bereit sind, ist es vollkommen in Ordnung, Ihre abschließende Antwort zu verschieben: «Das ist sicherlich Stoff zum Nachdenken. Ich werde dafür einige Zeit brauchen.» Sollte Ihnen die Kritik vollkommen ungerechtfertigt vorkommen, sagen Sie dies ruhig und fest: «Tut mir Leid, aber dem kann ich nicht zustimmen.» – «Ich erkenne mich nicht in dieser Charakterisierung.» – «Ich weiß, dass ich dies nicht gemeint habe.» Ihre Antwort sollte kein Gegenangriff sein. Behaupten Sie sich, aber seien Sie nicht beleidigend, auch wenn Sie glauben, dass der Kritisierende unfair oder ausgesprochen feindlich ist.

Um nützlich zu sein, muss eine Kritik nicht in freundlicher Absicht geäußert werden. Es liegt an Ihnen, Sie zu nutzen. Vor vielen Jahren waren meine guten Schulnoten das Gesprächsthema von Familie und Freunden. Obwohl mich die Aufmerksamkeit in Verlegenheit brachte, war ich doch auch erfreut darüber. Eines Tages meinte einer meiner Freunde, dass er den Rummel satt hätte, den alle um meine guten Noten machten. Es war mir klar, dass dieses «alle» auch mich mit einschloss. Ich fühlte sofort, dass sein Ausbruch etwas Gutes hatte. Das Ganze war tatsächlich ermüdend. Obwohl ich nicht wusste, was ich ändern konnte, um es nicht mehr so weit kommen zu lassen, spürte ich doch, dass eine Lehre daraus zu ziehen war. Etwas Positives (in diesem Fall mein Erfolg in der Schule) kann schnell zu einer Belastung werden, wenn man nicht klug damit umgeht. Nicht nur schlechte Zeiten bedürfen der gekonnten Steuerung, sondern auch gute. Diese einfache und dennoch unschätzbare Einsicht, die heute, nach all den Jahren noch, meine Handlungen bestimmt, gewann ich dank der Kritik meines Freundes.

Es ist fast unmöglich, sich nicht an der Wertschätzung, die mit Lob einhergeht, zu erfreuen, aber Kritik hilft uns, das zu lernen, was wir nicht von selbst lernen können oder wollen. Wann immer wir Kritik den Rücken zukehren, tun wir dies zu unserem eigenen Schaden.

24. Respektieren Sie die Umwelt und seien Sie gut zu Tieren

> Wir müssen als grundlegendes Ziel für unsere Gesellschaft die Erhaltung einer gesunden Umwelt und die tägliche Erfahrung von Natur in unser Alltagsleben integrieren.
>
> *Stephen R. Kellert*

Umwelt

Viele Amerikaner glauben, dass Unhöflichkeit ein schwerwiegendes Problem ist, das sich in den letzten Jahren verschlimmert hat, und dass die Situation sich nicht so bald zum Besseren verändert. Wird die Annahme des Niedergangs der bürgerlichen Tugenden und Umgangsformen in Amerika durch die Realität bestätigt? Es hängt davon ab, woran wir den Maßstab anlegen wollen. Wenn wir von einem Niedergang von Höflichkeit und Anstand sprechen, beziehen wir uns gewöhnlich auf die Krise der etablierten Verhaltensformen wie Anteilnahme, Respekt und Achtung. Dabei neigen wir dazu, den neuen Formen, die an die Stelle der alten getreten sind, keine Beachtung zu schenken. Vielleicht nimmt die Zahl der Jugendlichen zu, die im Bus auf ihrem Platz sitzen bleiben, während Schwangere und ältere Herren gefährlich im Gang schwanken. Aber dann wieder, so glaube ich, trifft dies auch auf die Zahl jener zu, die Angehörige ethnischer Minderheiten mit aufrichtigem Respekt behandeln. Ich sage nicht, dass diese Fortschritte uns vergessen lassen sollten, was uns bei der alten Höflichkeit an Verlust droht. Viele von uns hängen an den hergebrachten, gefährdeten Formen so sehr, dass sie glauben, ihr Niedergang stelle eine Bedrohung unserer Lebensqualität dar. Worauf ich hinauswill, ist die Feststellung, dass der beobachtete Niedergang nicht alle alten Formen der Höflichkeit betrifft. Es mag schwer zu glauben sein, aber in gewissen Bereichen des täglichen Lebens wächst der Anstand, anstatt abzunehmen. Ein leuchtendes Beispiel des neuen Anstands ist das bemerkenswert ernsthafte Engagement für die Umwelt bei einem außergewöhnlich großen Teil von Menschen aus allen Lebensbereichen. (Mehr dazu in Teil III)

Eine jahrhundertealte Komponente der Beziehung des Menschen zur Natur ist Angst: Natur ist gefährlich, daher müssen wir uns vor ihr schützen. In den letzten Jahrzehnten ist diese traditionelle Einstellung zumindest teilweise durch Sorge abgelöst worden. Die neue Haltung lautet: Die Natur ist in Gefahr, daher müssen wir sie vor uns Menschen schützen. Es ist nicht so, dass wir Natur nicht mehr mit Ehrfurcht und Angst betrachten würden. Springfluten, Buschbrände, Erdbeben und Wirbelstürme sind ungeheure Lebenszeichen ihrer Macht. Aber wir haben das Gefühl, sehr viel mehr Kontrolle über sie zu haben und besser mit ihr umgehen zu können. Noch vor ein oder zwei Generationen war es üblich, Fortschritt anhand des Grades der Unterwerfung der Natur durch den Menschen zu messen. Heute ist es eher so, dass wir Fortschritt als die Befreiung der Natur von der tödlichen Umarmung einer rücksichtslos verschwenderischen und Verschmutzung verursachenden Menschheit definieren.

Wir haben die Erde nicht von unseren Vorfahren geerbt, sondern von unseren Kindern geliehen.

Indianisches Sprichwort

In den letzten drei Jahrzehnten des 20. Jahrhunderts ist die Erhaltung der Natur, wie Amitai Etzioni sagt[1], zum «gemeinsamen Kernthema» westlicher Gesellschaften, aber auch einer Anzahl nichtwestlicher Gesellschaften geworden. Die Umwelt zu schützen ist ein neues Gebot. Eine leere Plastikflasche in einen Fluss zu werfen gilt als Bedrohung für die Gesundheit des Planeten. Millionen von Menschen in aller Welt beweisen täglich zahllose Formen der Rücksichtnahme, die vor ein oder zwei Generationen undenkbar gewesen wären.

Im Fahrwasser der ökologischen Revolution ist Höflichkeit ohne Sorge um die Gesundheit unseres schwer getroffenen Planeten undenkbar geworden. Die Konsequenz daraus ist für jeden Menschen anders. Für einige ist der Umweltschutz oberstes persönliches Gebot, das konsequent befolgt werden muss. Für viele ist es einfach ein ernsthaftes Anliegen. Hier ist eine Minimalliste der Verantwortungen für den ökologisch gesinnten Menschen:

- Werfen Sie nichts weg.
- Verwenden Sie keine Produkte, die erwiesenermaßen umweltschädlich sind.
- Nehmen Sie sich Zeit für das Recyceln. Benutzen Sie möglichst wenig nicht recycelbare Produkte. Entsorgen Sie alles, was möglicherweise umweltgefährdend ist, sicher und ökologisch unbedenklich.
- Kaufen Sie Produkte aus recycelten Materialien.

- Sparen Sie Wasser. Stellen Sie die Waschmaschine nur an, wenn sie voll ist. Achten Sie darauf, dass Ihre Toilettenspülung kein Wasser verschwendet.
- Sparen Sie Strom. Schalten Sie das Licht aus, wenn Sie es nicht benötigen. Stellen Sie Heizung und Klimaanlage ab, wenn Sie nicht zu Hause sind.
- Sparen Sie Benzin. Denken Sie an einen niedrigen Benzinverbrauch, wenn Sie ein neues Auto kaufen. Erledigen Sie alles auf einem Weg, statt mehrmals mit dem Auto loszufahren.
- Gehen Sie zu Fuß oder fahren Sie mit dem Fahrrad, wann immer es sicher und für Sie möglich ist.
- Nutzen Sie alternative Energien.

Tiere

> Die Frage ist nicht, ob sie *vernunftbegabt* sind oder ob sie *sprechen* können, sondern ob sie *leiden*.
>
> *Jeremy Bentham*

Gehen wir besser mit Tieren um als die Generationen vor uns? Ich glaube schon. Wir scheinen intoleranter gegenüber der Misshandlung von Tieren zu sein. Dass Tiere Rechte haben, ist heute im Bewusstsein von Millionen tief verwurzelt. Sogar die Vorstellung, dass der Mensch keine Vorrangstellung gegenüber anderen Arten beanspruchen sollte, ist auf dem Vormarsch. Grausamkeit gegen Tiere ist ein Verbrechen in jedem amerikanischen Bundesstaat. Hunderttausende von Menschen organisieren sich in Tierschutzverbänden. Es gibt viele solcher Organisationen, die sich zwar in Zielsetzungen, Programmen und Strategien unterscheiden mögen, aber alle Teil eines mächtigen Netzwerks sind, das sich für die Rechte der Tiere einsetzt. Viele Amerikaner betrachten ihre vierbeinigen Gefährten als Familienmitglieder. Vielleicht erinnern Sie sich an den allgemeinen Aufschrei der Entrüstung nach dem Tod von Leo, einem kleinen Hund, den ein wütender Autofahrer in den herannahenden Verkehr in San Jose, Kalifornien, geworfen hatte. Wenige Wochen nach dem furchtbaren Vorfall war die Belohnung zur Ergreifung des Täters auf Zehntausende von Dollar angestiegen.

Als Sohn eines Tierarztes erinnere ich mich an viele Nachmittage in der beruhigenden Gesellschaft von Schweinen, Kühen und Hühnern. Ich erinnere mich daran, kleine Kälber an ihren schwarz-weißen Blessen gestreichelt zu haben, eine meiner ersten aufregenden Erfahrungen. Als ich älter wurde, wuchs auch meine Fähigkeit, jede Begegnung mit einem Tier als Geschenk zu verstehen. Heute vermögen mich Tiere mit dem Leben zu versöhnen. Sie sind für mich ein nie versiegender Quell des Staunens, der Gelassenheit und der Zuneigung. Und wie für mich ist auch für Millionen anderer Menschen die vertraute therapeutische Gegenwart von Tieren ein unbezahlbarer Segen. Als anständige und höfliche Menschen können wir diese Erfahrung durch den verantwortungsvollen und liebevollen Umgang mit Tieren erwidern:

- Vernachlässigen Sie ein Tier niemals. Wenden Sie nie rohe Gewalt an. Behandeln Sie es mit Achtung und Zuneigung.
- Wenn Sie sich nicht 365 Tage im Jahr um ein Tier kümmern wollen, schaffen Sie sich keines an. Wenn Sie

diese Verpflichtung eingehen, überlegen Sie, ob Sie eines aus dem Tierheim holen wollen. Millionen von gesunden ungewollten Katzen und Hunden werden jedes Jahr eingeschläfert. Viele Tierliebhaber sind eifrige Verfechter der Kastrierung und Sterilisierung von Haustieren.

- Welpen und Kätzchen, die wunderbare Geschenke zu Weihnachten waren, können, wenn der Sommer naht, zu einer ungewollten Last werden. Verschenken Sie nicht unüberlegt Tiere und nehmen Sie ein solches Geschenk nicht unüberlegt an.
- Ein Haustier auszusetzen ist niemals eine Option.
- Passen Sie auf Ihr Tier gut auf. Halten Sie es von giftigen Chemikalien oder Pflanzen fern. Wenn Sie Ihr Tier unbeaufsichtigt im Auto lassen müssen, dann nur für ein paar Minuten. Und vergessen Sie nicht, das Fenster einen Spalt zu öffnen. Lassen Sie Ihr Tier nicht im Auto, wenn es draußen wärmer als 25 Grad ist.
- Seien Sie nicht nur zu Ihren eigenen Tieren gut, sondern zu allen. Wenn Ihr Hund in der Gegenwart von anderen Tieren nervös ist, halten Sie ihn an der kurzen Leine und warnen Sie andere Hundebesitzer. Sorgen Sie dafür, dass Ihr Hund nicht nur dort einen Maulkorb trägt, wo es gesetzlich vorgeschrieben ist, sondern auch, wenn Sie es für sicherer halten.

Die Art, wie wir Tiere behandeln, ist ein Maßstab für unseren Charakter. Dies ist eine Lektion in Höflichkeit, die wir der nächsten Generation mitgeben sollten.

25. Schieben Sie keine Verantwortung oder Schuld ab

Wir alle kennen diesen Automatismus nur zu gut: Jemand hat einen Fehler begangen und versucht seine (oder ihre) Verantwortung zu verringern, indem er jemand anderem die Schuld zuweist. Die grundlegenden Charakteristiken dieser Form von Grobheit sind Vertuschung und Unfairness. Im Folgenden finden sich vier kleine Szenen mit exemplarischen Beispielen dieses allgemein verbreiteten, schlechten Verhaltens und die höflichen Alternativen dazu:

Kundin:	Ich möchte diese Bücher als Drucksache mit Luftpost versenden.
Angestellter:	Mit Luftpost? Das habe ich noch nie erlebt.
Kundin:	Gibt es keinen Tarif für Drucksachen mit Luftpost? Oder bin ich hier am falschen Schalter?
Angestellter:	Nein, ich mache das nur nie. Bücher verschicke ich immer als gewöhnliche Drucksache.
Kundin:	Aber es gibt einen Tarif für Luftpostdrucksachen. Das ist doch richtig?
Angestellter:	Aber niemand verschickt das so. Ich weiß gar nicht, wie hoch das Porto ist.
Kundin:	Würden Sie bitte nachsehen?
Angestellter:	Wenn Sie wollen. Ich mache es nie so.

An dieser Stelle lässt der Angestellte einen tiefen Seufzer fahren, klettert widerwillig von seinem Hocker herunter und geht zum nächsten Schalter, um seinen Kollegen zu konsultieren. Die Kundin fragt sich einen Moment lang, ob sie sich geirrt haben könnte. Hat sie aber nicht, wie sich herausstellt. Luftpostdrucksachen *gehören* zu den Dienstleistungen, die die Post anbietet. Es ist der Angestellte, der sie durch seine Unprofessionalität so verunsichert hat, dass sie sich fragt, ob etwas mit ihrer Bitte nicht in Ordnung war. Während sie darauf wartet, dass er zurückkommt, stellt sie sich eine höfliche Version des Wortwechsels vor:

Kundin: Ich möchte diese Bücher als Drucksache mit Luftpost versenden.

Angestellter: Tut mir Leid, diesen Tarif kenne ich nicht auswendig, ich sehe aber sofort nach.

Ende des Wortwechsels.

Frisch verheiratete Frau, *am Telefon*:

Ich habe soeben eine separate Rechnung von Ihnen für den Brautstrauß in Höhe von 75 Dollar erhalten, aber der Strauß stand bereits mit allen anderen Blumen auf einer Rechnung. Ich habe diese auch schon bezahlt.

Florist: Es war ein Strauß für 100 Dollar, für den ich Ihnen nur 75 berechnet habe. Es war ein Supersonderpreis, daher hat niemand gemerkt, dass er schon auf der anderen Rechnung stand.

Frau: Aber er war auf der Rechnung, die ich bereits bezahlt habe. Also schulde ich Ihnen nichts mehr, nicht wahr?

Florist:	Ja, ich will nur erklären, wie Sie zu der Rechnung kommen. Es war wegen des Sonderpreises. Wir verlangen sonst wesentlich mehr für solch einen Strauß.

Der Frau war nach der Hochzeit der Brautstrauß zweimal in Rechnung gestellt worden. Das ist das grundlegende Faktum dieses Wortwechsels. Der Florist ist im Irrtum, was sich aber durch die Wendung, die er dem Vorfall zu geben versucht, kaum feststellen lässt. Er lenkt die Aufmerksamkeit der Braut auf den Sonderpreis. Seine Worte und sein Ton implizieren: Sie sollten für die besondere Behandlung dankbar sein, die Sie erhalten haben. Die Braut weiß, dass sie Recht hat, und sie ist gekränkt durch den Vertuschungsversuch des Floristen. Sie kennt die einfache Antwort, die ihr zustände, nur zu gut: «Die zweite Rechnung haben Sie irrtümlich erhalten. Ich möchte mich dafür entschuldigen.»

Im Lebensmittelgeschäft

Kunde:	Sie brauchen mich nicht zu schubsen. Sie hätten doch etwas sagen können, dann wäre ich zur Seite getreten.
Kundin:	Ich habe Sie nicht gesehen.
Kunde:	Sie haben mich nicht gesehen und dennoch an die Seite geschoben?
Kundin:	Herrje, da ist aber heute Morgen jemand mit dem falschen Fuß aufgestanden!

Was ist hier passiert? Die Kundin weigert sich, die Verantwortung für ihr unhöfliches Verhalten dem anderen Kunden gegenüber zu übernehmen. Als der Kunde ihre dürftige Ausrede in Frage stellt, dreht sie den Spieß um und wirft ihm vor, schlechter Laune zu sein. Ihr Schubsen, die unhöfliche Handlung, die den Vorfall auslöste, verliert sich hinter ihren Vertuschungsversuchen. Der Kunde bekommt nie die einfachen und höflichen Worte zu hören, die Balsam für seine verletzte Seele wären: «Es tut mir Leid.»

Gastgeber: Ich rufe an, um dir zu sagen, dass wir unser Abendessen auf Dienstag verschoben haben. Wir sehen dich und Sayeed dann am Dienstag so gegen 17 Uhr anstatt am Mittwoch. Einverstanden?

Gast: Es tut mir Leid, aber wir haben am Dienstag schon andere Pläne. Mittwoch passt uns gut, aber Dienstag ist wirklich problematisch.

Gastgeber: Oh, es sind aber nur 24 Stunden. Ich bin sicher, da könnt ihr etwas machen.

Gast: Es tut mir Leid, aber so kurzfristig können wir nicht mehr viel ändern.

Gastgeber: Wir haben mit allen gesprochen. Alle anderen werden da sein.

Gast: Vielen Dank für die Einladung, aber wir können nicht kommen.

Gastgeber: Aber wir haben so viel zu essen. Alles ist bereit. Ihr *müsst* einfach kommen. Was habt ihr denn vor?

Das Problem hat hier der Gastgeber. Er hat das Abendessen verschoben, und trotzdem versucht er seinen Gast so zu manipulieren, dass dieser denkt, es wäre sein Fehler, und ehe er sich's versieht, wird er zum Verursacher des Problems.

Warum macht er so ein Aufhebens wegen einer kleinen Sache? Niemandem sonst scheint die Vorverlegung etwas ausgemacht zu haben. «Und denk doch an all das schöne Essen, das nun verschwendet ist.» Als Schlusssalve feuert der Gastgeber noch die aufdringliche Frage ab, was den Gast denn vom Kommen abhalte. Hierin liegt ein Hauch von Verärgerung. Natürlich kann es nichts Zwingendes geben, das einen Gast von diesem höchst wichtigen Abendessen abhält.

Hier ist die höfliche Version des gleichen Dialogs, eine, bei der sich der Gastgeber des Spiels mit der Manipulation enthält:

Gastgeber:	Ich rufe an, um dir zu sagen, dass wir das Abendessen bei uns auf Dienstag verschieben mussten. Es ist sehr kurzfristig, entschuldige. Meint ihr, Sayeed und du, dass ihr trotzdem kommen könntet? Wir würden uns freuen, wenn ihr dabei wärt.
Gast:	Es tut mir Leid, aber für Dienstag haben wir bereits andere Pläne. Mittwoch war prima, aber Dienstag ist wirklich problematisch für uns.
Gastgeber:	Es tut mir auch Leid, aber ich verstehe es. Nächstes Mal versuchen wir es besser hinzukriegen.

«Und höflich war es, an ihm grob zu handeln»

Eine Frage, die mir von Anfang an oft bei meinen Vorträgen über Höflichkeit und gutes Benehmen gestellt wurde, ist folgende: «Müssen wir immer höflich sein, oder gibt es

Umstände, die ein weniger höfliches Verhalten verlangen?» Wenn ich diese Frage oder eine ihrer Varianten, wie «Wenn jemand sich uns gegenüber grob verhält, dürfen wir dann auch grob sein?», höre, erinnere ich mich an eine berühmte Stelle aus Dantes *Göttlicher Komödie*, den Vers «*E cortesia fu lui esser villano*» aus dem 33. Gesang des ersten Teils «Die Hölle», den Hans Gmelin wie folgt ins Deutsche überträgt: «Und höflich war es, an ihm grob zu handeln.»[1] Dante bezieht sich hier auf seine eigene Behandlung des Bruders Alberigo, eines berüchtigten Verräters, dem er auf dem gefrorenen See Cocytus begegnet war. Unter diesen Umständen – am Abgrund der Hölle mit einem Schurken in ewiger Verdammnis –, so argumentiert Dante, war er im Recht, unhöflich zu ihm zu sein, Niedertracht also die rechte Wahl.

Bei allem Verständnis und gehörigen Respekt für Meister Dantes Verhalten im «Inferno» kann ich mir einfach keine Umstände in unserem täglichen Leben vorstellen, unter denen es angebracht oder vorteilhaft wäre, grob oder flegelhaft zu sein. Die starke Kombination von Selbstachtung und Respekt vor dem anderen sollte uns ein unhöfliches Benehmen fast verunmöglichen, wenn wir doch sogar in herausfordernden Situationen einen klaren Kopf bewahren können.

Aber was, wenn wir es mit jemandem zu tun haben, den wir nicht respektieren oder der etwas sagt oder tut, von dem wir glauben, es sei falsch? Die Antwort ist einfach. Verlieren wir nicht die eigenen Maßstäbe für unser Verhalten, unsere eigenen Regeln, aus den Augen. Es ist möglich, gleichzeitig höflich und seinen Überzeugungen treu zu bleiben. Die Frage ist nicht, standhaft zu sein oder Kompromisse einzugehen, sondern wie wir unserer Standhaftigkeit Ausdruck verleihen. Wenn wir sie mit Gelassenheit und nicht mit Grobheit zum Ausdruck bringen, bleiben wir uns selbst gegenüber nicht nur treu, sondern wir verleihen unserer andersartigen Meinung eine Kraft, die sie sonst nicht haben würde. Streiten ist menschlich, aber höflich sein hilft.

TEIL III

Kulturschock

Los Angeles 1978. Die junge Krankenschwester warf einen kurzen Blick auf ihr Klemmbrett, lächelte mich dann an und sagte: «Pier, der Doktor kann Sie jetzt sehen.» Erstaunt folgte ich ihr ins Untersuchungszimmer. War sie äußerst unhöflich oder war es in Amerika üblich, dass Fremde sich beim Vornamen nannten? Ich musste sechzehn Jahre alt gewesen sein, als mich das letzte Mal jemand, den ich nie zuvor im Leben gesehen hatte, so informell angesprochen hatte. Bald schon sollte ich genug über amerikanische Sitten und Gebräuche gelernt haben, um zu wissen, dass die Schwester überhaupt nicht unhöflich war. Sie hatte einen zwanglosen Code benutzt, der, egal, wie sehr er mich auch überraschte, seit einiger Zeit auf dieser Seite des Atlantiks und im Besonderen an der Westküste üblich war.

Menschen aus anderen Teilen der Welt sind oft überrascht von der in den Staaten weit verbreiteten Ungezwungenheit und Vertrautheit im Umgang miteinander. In Europa ändert sich dies auch, aber die formelle Anrede ist immer noch üblich, besonders in der älteren Generation. Mein Vater brauchte 15 Jahre, bis er seinen Schwager (jemand, zu dem er eine gute Beziehung hatte) mit «du» anzusprechen begann statt mit dem formellen «Sie». Mit diesem persönlichen Hintergrund war ich erst nach ein paar Jahren in der Lage, die Gründe und Vorteile der amerikanischen Ungezwungenheit zu erkennen, und nun erkläre ich meinen europäischen Freunden unermüdlich, dass sie diese keinesfalls als Unhöflichkeit missverstehen dürfen.

Ich habe immer noch einen Hang zur Reserviertheit (so spreche ich – anders als die meisten meiner Kollegen – meine Studenten zum Beispiel mit Herr oder Frau und ihrem Nachnamen an), doch ich fühle mich in der Regel wohl dabei, einen neuen Bekannten auf seinen Wunsch hin mit Vornamen anzusprechen. Und ich habe gelegentlich auch schon als Erster darum gebeten.

Durch die Form hindurch auf den Kern zielen

Ein unerschütterlicher Glaube an den absoluten Wert der Freiheit, ein starkes Gefühl für Gleichheit und Individualismus bilden den Kern der amerikanischen Seele. Diese nationalen Eigenheiten, die Alexis de Tocqueville so wegweisend untersucht hat, haben lange die amerikanische Haltung zu gutem Benehmen und Höflichkeit beeinflusst:

> Sich freihalten vom Systemgeist, vom Joch der Gewohnheit, von Familienmaximen, von Klassenanschauungen und bis zu einem gewissen Grade von nationalen Vorurteilen; die Überlieferung lediglich als Hinweis, die gegenwärtigen Verhältnisse nur als nützliche Lehre zum Anders- und Bessermachen betrachten; den Grund der Dinge in sich selbst suchen, ohne Bindung an die Mittel auf das Ziel losgehen *und durch die Form hindurch auf den Kern zielen:* das sind die Grundzüge dessen, was ich als die philosophische Denkweise der Amerikaner bezeichnen möchte. (Hervorhebung von P. M. F.)[1]

Von besonderem Interesse für uns ist Tocquevilles Kommentar zur Form, ein Gedanke, auf den er in seinem Kapitel über die philosophische Denkweise der Amerikaner zurückkommt:

> Da sie [die Amerikaner] die Gewohnheit haben, nur das zu glauben, was sie selbst gesehen haben, so lieben

> sie es, den Gegenstand, mit dem sie sich befassen, sehr deutlich anzuschauen; sie entkleiden ihn so viel wie möglich seiner Hülle, entfernen alles, was sie von ihm trennt, und beseitigen jegliches, was ihn dem Blick verbirgt, um ihn aus größerer Nähe und im vollem Lichte zu sehen. *Dieses geistige Verhalten bringt sie bald zu einer Geringschätzung der Formen, die ihnen als unnütze und unbequeme Schleier zwischen sich und der Wahrheit erscheinen.*[2] (Hervorhebung von P. M. F.)

Tatsächlich ist es bis heute so, dass wir die Vorliebe für den Kern gegenüber der Form als amerikanischen Charakterzug erkennen, ungeachtet der alltäglichen, allgegenwärtigen Verzerrung durch Schönfärber jeder Couleur. Ein pragmatisches und offenes Herangehen an die Dinge gilt als amerikanisch. Vielleicht werden in Amerika mehr als irgendwo sonst auf der Welt gutes Benehmen, Liebenswürdigkeit und Höflichkeit, die alle mit Form und Formalitäten zu tun haben, mehr in Frage gestellt, weil sie eben als Schleier erscheinen, die die reine Wahrheit verbergen. Auch sind sie als Anzeichen für Klassenprivilegien suspekt, als Bedrohung der Freiheit zur Selbstdarstellung und als Relikte verstaubter Konventionen. Weil Veränderung gut ist, wie man allgemein weiß, kann das Befolgen tradierter Regeln nicht gut sein. Daher muss Höflichkeit schlecht sein. Außerdem, wenn wir die Schmiede unseres eigenen individuellen Schicksals sind, wofür braucht man dann Konventionen?

«I Did It My Way»

Um mit anderen zusammenzuleben, müssen wir die Befriedigung unserer Wünsche aufschieben oder darauf verzichten. Geschriebenen oder ungeschriebenen Gesetzen zu folgen, die unser Handeln einschränken, ist ein unvermeidbarer Teil des Lebens. Aus dieser Einschränkung wird die Fantasie der Befreiung von der Norm geboren, aus ihr entwickelt sich unsere bereitwillige Identifikation mit dem Bösewicht auf der Leinwand.

Wir verherrlichen den Nonkonformisten und romantisieren den Einzelgänger. «*I did it my way*», singt Frank Sinatra, und der Applaus ist weltumspannend. Unsere Kultur scheint besonders geneigt zu sein, das Schwimmen gegen den Strom zu glorifizieren. «Schaff dir deine eigenen Gesetze», wird uns in unzähligen Hochglanzmagazinen und Fernsehwerbungen gesagt, die die Vorliebe für eine bestimmte Sportartikelmarke oder einen Sportwagen als Akt der Rebellion darstellen. Aber im Gegensatz zur Welt der Fantasie hat eine Verletzung der Gesetze im realen Leben reale Konsequenzen für reale Menschen, wie wir in viel zu vielen amerikanischen Schulen derzeit miterleben, die von Ausbrüchen jugendlicher Gewalt erschüttert werden.

Ich vertrete nicht die Meinung, dass unkonventionelles Verhalten immer destruktiv oder falsch ist. Von der Norm abzuweichen kann nicht nur akzeptabel, sondern sogar notwendig sein. Manchmal gibt es Konflikte zwischen Gerechtigkeit und Selbstachtung und den vorgeschriebenen Gesetzen und Konventionen. Dann streben wir danach, neue Normen zu etablieren. Aber das tägliche Leben kann sehr viel angenehmer, vernünftiger und gesünder sein, wenn wir die Regeln von Anstand und Höflichkeit befolgen, die der Prüfung durch die Zeit standgehalten haben.

Schwindende Autorität

Warum sind wir grob? Die Erosion des Prinzips Autorität scheint sich in den letzten Jahrzehnten beschleunigt zu haben.

> Ich behaupte, dass wir versucht und berechtigt sind, diese Frage zu stellen [was Autorität ist], weil Autorität aus der modernen Welt verschwunden ist.
>
> *Hannah Arendt*

Der große Vertrauensvorrat in ihre Führer, den die Amerikaner noch in den fünfziger und sechziger Jahren hatten, hat sich größtenteils verloren. Vietnam, Watergate, die Clinton-Skandale und verschiedene andere Skandale auf nationaler und regionaler Ebene sind maßgebliche Faktoren für den Anstieg von Misstrauen und Verachtung für die regierende Klasse. Unvollkommene Politiker verhelfen der Politik zu einem schlechten Ruf und untergraben Autorität an sich.

Die gegenwärtige Krise der Autorität ist das Ergebnis gestiegener Bildung. Wenn wir unseren Intellekt schärfen und kultivieren, werden wir oftmals anspruchsvoller und kritischer. Die Bildung der breiten Masse hat die Zahl derjenigen enorm anschwellen lassen, die nicht gewillt sind, unbedingten Respekt gegenüber etablierter Macht und sogar gegenüber etablierten Werten im Allgemeinen zu zeigen.

In den letzten Jahrzehnten haben wir gesehen, wie viele Respektspersonen an Autorität eingebüßt haben, von Politikern über Lehrer bis hin zu den Eltern. Die geschwächte Autorität jener, die mit der Aufgabe betraut sind, soziales Verhalten und den Erhalt etablierter Werte zu fördern, macht ihre Botschaft weniger glaubhaft und weniger allgemeingültig. Die Krise von Höflichkeit und Anstand lässt sich zweifellos mit der Krise von Autorität als solcher in Verbindung bringen.

Nach wie vor befinden wir uns im Kielwasser der Neuen Linken der sechziger und siebziger Jahre. Unsere Kultur wird immer noch von dieser bedeutsamen Gegenbewegung geformt, die die Befreiung von Traditionen beschwor und die Hinwendung zu Ursprünglichkeit. Viele, die in jenen Jahren aufwuchsen, haben eine Abneigung gegen traditionelle Anstandsregeln beibehalten, die sie für heuchlerisch und repressiv halten, für ein weiteres Nebenprodukt bourgeoiser Mentalität und Macht. Ihre Abneigung hat bedeutenden Einfluss auf ihre Kinder gehabt. Die alte Ethik der Selbstdisziplin hat einer neuen Ethik der Selbstachtung und Selbstdarstellung Platz gemacht. Dies hat die Stellung des traditionellen Anstands gefährdet.

Ich glaube, dass das Hinterfragen der tradierten Werte in den verworrenen, idealistischen Zeiten der 68er-Bewegung viel Gutes gebracht hat. Wir brauchten mehr Selbstachtung und mehr Selbstdarstellung. Wir mussten Politik und Macht kritischer in Augenschein nehmen. Und wir mussten mehr politische Energien denen widmen, die sich an den Rändern der Gesellschaft befanden, kaum berührt vom Wohlstand und mit wenig Hoffnung, ihr Los verbessern zu können. Doch auch wenn wir in den letzten vierzig Jahren große Schritte auf eine gerechtere Gesellschaft zu gemacht haben, so sind wir doch auch immer mehr mit uns selbst beschäftigt.

Das Zeitalter des Ego

Wir leben heute in einem Zeitalter der Vergötterung des Ego. Wir sind davon überzeugt, dass wir in allererster Linie dazu leben, uns selbst zu unserem eigenen Besten zu verwirklichen. Da wir das Ich zum Hauptanliegen in unserem Leben gemacht haben, kann es uns nicht überraschen, dass ein egozentrisches Verhalten gegenüber dem altruistischen dominiert und dass Anstand und Höflichkeit darunter leiden. Je mehr wir uns auf uns selbst und die Befriedigung unserer Bedürfnisse konzentrieren, desto weniger moralische Energie können wir für andere Menschen aufbringen und desto weniger können wir uns auf das Wohlergehen anderer einstellen. Wir sind mit einem gestärkten Glauben an Gleichheit und persönliche Freiheit aus den sozialen Umwälzungen der sechziger und siebziger Jahre des 20. Jahrhunderts hervorgegangen. Was viele von uns nun lernen oder wieder lernen, ist die grundlegende Rolle, die Selbstkontrolle im Leben von Demokratien spielt. Die Betonung von individuellen Rechten in entwickelten Demokratien lässt Selbstkontrolle für uns besonders relevant erscheinen.

Höflichkeit und Anstand zu entwickeln ist eine Voraussetzung, um zum Teil weitreichende Interventionen von Regierung und Gesetzen in unserem täglichen Leben zu vermeiden. Als System der Selbstregulation sichern Höflichkeit und Anstand das Überleben der Selbstbestimmung. Dies ist der Lebensnerv der Demokratie.

Unter Fremden leben

Noch einmal, warum benehmen wir uns grob? Anonymität ist unser ständiger Begleiter. Viele Menschen, denen wir täglich begegnen, kennen wir nicht. Wir sind unter Fremden, wenn wir an der Tankstelle tanken und wenn wir über den Bahnsteig in der U-Bahn gehen; wenn wir an der Ampel warten oder uns anstellen, um den Führerschein erneuern zu lassen; wenn wir im Büro mit dem Aufzug fahren oder Milch im Laden an der Ecke kaufen. Oft haben wir keine echten Bindungen an die Gemeinde, in der wir leben. Wenn dies der Fall ist, haben wir kaum Anlass, uns rücksichtsvoll und zivilisiert zu verhalten. Die Tage, in denen man nicht aus der Reihe tanzte, einfach weil man seine engsten Nachbarn kannte und sie einen, sind lange vergangen. Wenn wir unter Fremden leben, wissen wir, dass wir mit unseren Grobheiten und Rüpelhaftigkeiten durchkommen, weil nichts darüber bekannt wird. Die Strafe der Schande, wie es sie in geschlosseneren Gemeinschaften gibt, ist nicht mehr vorhanden.

Als Autofahrer B von A geschnitten wird, reagiert B mit einer unanständigen Geste. Entschlossen, keinesfalls das Gesicht zu verlieren, antwortet A in ähnlicher Weise. In einem frustrierten und bedrohlich wirkenden Hupwettstreit eskaliert die Spannung in Wut; die beiden drängen sich gegenseitig zur endgültigen Konfrontation, die vielleicht in einem Zusammenstoß, einem Faustkampf, einer Schießerei oder in allem zusammen gipfelt. Nehmen wir einmal an, dass, während dieser Film anläuft, die beiden Fahrer unmittelbar nach der ersten Szene realisieren, dass sie sich kennen. Wenn sie nicht gerade eingeschworene Feinde sind, wird sich der Vorfall nun wahrscheinlich anders abspielen. Die beiden werden sich vor Verlegenheit schnell beruhigen und versuchen, den Vorfall herunterzuspielen. Sie werden lächeln, winken und sich gegenseitig den Vortritt lassen, vielleicht mit einer Geste der Hand, die an höfisches Zeremoniell erinnert.

Was erlaubte die Entschärfung dieser explosiven Situation? Eine wesentliche Komponente der Sprengkraft wurde eliminiert: Plötzlich war der Rivale kein anonymes Wesen, keine fahrende Chiffre mehr, sondern ein bekanntes Individuum. Die Eliminierung der Anonymität reichte aus, um die Regeln zivilisierten sozialen Umgangs wiederherzustellen und eine friedfertige Lösung des Vorfalls zu ermöglichen.

Der Drang, etwas zu erreichen

«Wir sind zu beschäftigt, zu zielorientiert», antwortet der Harvard-Psychiater Edward M. Hallowell auf die Frage, warum wir uns unhöflich verhalten.[1] Mit anderen Worten, wir benehmen uns so, weil wir auf unsere Arbeitsziele zurennen und nicht einsehen, warum wir unsere Gangart aus Gründen der Höflichkeit verlangsamen sollten. Dr. Hallowells Antwort schreit nach der Frage: «Warum sind wir denn so beschäftigt, so zielorientiert?» Sicherlich deshalb, weil wir in einem komplexen Arbeitsumfeld bestehen müssen, aber es gibt auch noch andere Gründe. In einer anonymen, egalitären Gesellschaft kämpfen wir jeden Tag um unsere Identität und darum, Spuren zu hinterlassen.

In traditionellen, hierarchischen Gesellschaften erhielten Männer und Frauen größtenteils ihr Selbstwertgefühl durch die Zugehörigkeit zu einer bestimmten Familie und/oder sozialen Klasse. Der Stolz, etwas «zu sein», war so groß, dass er den Stolz, etwas «zu tun», unbedeutend werden ließ. Überdies gab es in diesen Gesellschaften kaum Möglichkeiten, die soziale Leiter zu erklimmen. Daher war die Motivation gering, etwas erreichen zu wollen. Gleich, ob es Stolz oder resignierte Akzeptanz war, die Zugehörigkeit zu einer Familie oder sozialen Klasse sicherte die eigene Identität auf eine Art und Weise, die heute für immer verloren ist.

Eine Konsequenz aus dieser Tendenz zur Nivellierung im Verlauf der letzten Jahrhunderte ist unser gesteigertes Bedürfnis, uns durch Leistungen von anderen Personen zu unterscheiden. Gleichheit ist ein Eckstein in unserem Haus der Werte. Als Folge dieser Überzeugung werden wir dazu getrieben, etwas zu erreichen, um unsere Identität als Individuum zu finden. Wir akzeptieren, dass wir alle gleich sind, aber wir wollen auch alle anders sein. Und so geraten wir ins Rennen, werden «zu beschäftigt, zu zielorientiert». Und weil es in diesem Wahn, etwas zu erreichen, oft kein Halten mehr gibt, missachten wir die Normen des Anstands.

Stress

Rücksichtsloses Streben nach Erfolg verursacht Stress. Eine gestresste, müde oder bekümmerte Person zeigt wenig Neigung, geduldig und tolerant zu sein, erst zu denken und dann zu handeln oder sich der Bedürfnisse anderer Menschen bewusst zu werden. Daher wird sich diese Person auch unhöflich verhalten. Wenn wir es schaffen, das Ausmaß an Stress in unserem Leben zu verringern, werden die täglichen Begegnungen mit anderen weniger konfliktanfällig. Aber vernünftige Bemühungen um weniger Wochenarbeitsstunden oder eine weniger nervenaufreibende Stelle haben ihren Preis. Oftmals bringen sie weniger berufliche Anerkennung und auch tiefere Löhne mit sich. Sind wir wirklich willens, dieses Tauschgeschäft ernsthaft in Betracht zu ziehen? Ich hoffe es sehr, zu unserem eigenen Besten. Und wir täten gut daran, uns weitere Strategien anzueignen, die den Stress auch in anderen Lebensbereichen vermindern. Unglücklicherweise ist die Arbeit bei weitem nicht der einzige Stressfaktor.

Wie das Spiel gespielt wird

Zwei verwandte Botschaften haben die amerikanische Gesellschaft geprägt und umgeben die Menschen 24 Stunden am Tag, wo immer sie auch sind:

- Botschaft A: Du kannst alles erreichen, wenn du nur willst. Es gibt keine Grenzen, du kannst tun und auch werden, was du willst.
- Botschaft B: Was im Leben zählt, ist der Sieg. Der Sieger ist ein Held, gleichgültig, wie der Sieg erreicht wird. Dem Sieger gehört alles.

Wir können die Vorzüge von Botschaft A leicht erkennen. Sie baut das Selbstwertgefühl auf, sie gibt Hoffnung und ermutigt uns, nach Zielen zu streben, die die Anstrengungen wert sind. Sie kann uns jedoch auch dazu verleiten, Leistung als absoluten Wert zu sehen, der vor allem anderen kommt – zum Beispiel wenn wir glauben, dass Ziele wichtig und Menschen unwichtig sind. Außerdem kann sie unrealistische Erwartungen nähren. Wenn man einem Kind oft genug erzählt, dass es Präsident der Vereinigten Staaten werden kann oder ein Star im Profisport, wird es später irgendwann glauben, dass dem wirklich so ist. Dann mag es auch glauben, dass ein guter Bauarbeiter oder eine gute Krankenschwester zu werden ein völlig unannehmbarer Berufsweg ist. Die Enttäuschung kann vernichtend sein.

Botschaft B ist für Individuum und Gesellschaft noch

gefährlicher. Wenn zu siegen das Einzige ist, was zählt, nimmt man die Vernichtung von anderen auf dem Weg dorthin in Kauf. Verliert man aber einmal, verliert man gleich alles; die Welt zerbricht in Stücke. Lässt man dann seinen Frustrationen freien Lauf, kann man sich und anderen Menschen schweren Schaden zufügen. Denken Sie an den Vandalismus und die Gewalt, die manchmal von Fans eines Teams, das ein wichtiges Spiel verloren hat, ausgehen. Oder man denke an die Amokläufe von Menschen, die entlassen worden sind.

Nehmen wir an, wir würden stattdessen unter den Jungen den Glauben fördern, dass es wichtiger ist, am Spiel teilzunehmen als zu siegen. Nehmen wir ferner an, wir überzeugten sie davon, dass wir gut sind, wenn wir alle unsere Fähigkeiten beim Spiel ausschöpfen und dabei sowohl die Spielregeln als auch unsere Gegner respektieren. Stellen Sie sich vor, welche Veränderungen diese neue Einstellung bewirken würde: eine neue Gesellschaft, in der wir ein Spiel verlieren und trotzdem zufrieden mit unserer Leistung sein können. Vielleicht finden wir das Endergebnis nicht so gut, aber was wirklich zählt, was man uns nicht mehr nehmen kann, ist, dass wir gut gespielt haben und dabei Herz und Gewissen gefolgt sind. So wird die Niederlage erträglich, eine Gelegenheit dazuzulernen und nicht ein vernichtender Schlag. Wir können uns leicht damit abfinden, eine Niederlage hinter uns lassen und uns auf unseren nächsten Sieg freuen. Aber auf eine Art haben wir ja auch schon gesiegt. Das ist es, was Höflichkeit ausmacht: die Fähigkeit, die Vorstellung zu verinnerlichen, dass die Haltung beim Spiel wichtiger als der Sieg ist.

Ich wünschte, das typische, Selbstvertrauen aufbauende Gerede für die Jungen würde modifiziert, etwa so: «Ja, du magst sogar die Fähigkeiten haben, Präsident der Vereinigten Staaten zu werden, doch ist die Chance größer, dass du es nicht wirst. Du wirst wahrscheinlich Volksschullehrer, Arzt, Bankangestellter, Busfahrer, Hausmeister oder der örtliche Manager einer mittelgroßen Firma. Dies sind genauso ehrenhafte Berufe wie der des Präsidenten. Was wirklich zählt, ist, dass du – genau wie der Präsident bei seiner Arbeit – bei deiner Arbeit die Chance hast, das Leben anderer zum Besseren zu verändern und darin Erfüllung zu finden.»

Die zwei Seiten der Medaille

In den letzten Jahren sind neue Phänomene aufgetaucht, die die weniger schönen Seiten unserer Zeit dokumentieren. Wir haben nicht nur randalierende Autofahrer, sondern auch, wie es scheint, immer häufiger randalierende Flugpassagiere und Randalierer am Arbeitsplatz. Dann gibt es auch rüpelhafte Eltern auf dem Sportplatz, gewalttätige Ausbrüche von Eltern gegenüber den Schiedsrichtern und anderen Eltern. Das hat mittlerweile solche Ausmaße angenommen, dass manche Eltern gebeten werden, an Workshops teilzunehmen, in denen faires Anfeuern gelehrt wird.

Wir hören von epidemieartigem Schikanieren in den Schulen, und es ist vorgekommen, dass Schüler darauf mit Gewehrfeuer geantwortet haben. Viele Amerikaner glauben, dass die Schulen für den sich von Tag zu Tag verschlimmernden gesellschaftlichen Niedergang von Anstand verantwortlich sind. Eines der traurigsten Nachrichtenthemen am Ende des vergangenen Jahrhunderts war das von den vier Schülerinnen einer sechsten Klasse in Brooklyn, New York, die ihre Lehrerin verprügelten, weil sie ihnen nicht erlaubt hatte, die *Jerry Springer Show* in der Klasse im Fernsehen zu sehen.

Aggressivität, Egozentrismus und Grobheit beherrschen die Welt der Unterhaltung. Seit Anfang der neunziger Jahre zeichnen sich Sitcoms durch einen Mangel an Feinfühligkeit ihrer Protagonisten aus. Im Radio und Fernsehen wird heute ausgestrahlt und als akzeptabel für die Hauptsendezeit empfunden, was vor ein paar Jahren noch als zu derb, zu drastisch und pietätlos galt, um überhaupt gesendet zu werden.

Viele Sportstars sind bekannt für ihre ausfällige Aggressivität, für ihre Szenen und überhaupt für ihr unsportliches Verhalten. Amerikanische Kinder ahmen sie täglich auf den Basketball- und Footballfeldern der Schulen im ganzen Land nach.

Sollte uns dieses Bild beunruhigen? Auf jeden Fall. Aber wie ich bereits sagte, wir leben nicht in der düstersten aller Zeiten, wenn es um den grundlegenden Anstand geht. Je nachdem, wohin wir schauen, können wir mit gutem Grund sagen, in anständigeren Zeiten als früher zu leben. Lassen Sie mich zu etwas zurückkehren und erweitern, was ich schon im zweiten Teil angeschnitten habe.

Wir leben in einem Zeitalter, in dem die Gesellschaft mehr als früher gewillt ist, den inneren Wert aller ihrer Mitglieder anzuerkennen, ungeachtet des Geschlechts, der sozialen Herkunft, sexueller Orientierung, Rasse und ursprünglicher Nationalität. Es ist weniger wahrscheinlich als früher, dass wir auf jemanden, der anders ist als wir, feindselig reagieren oder ihn lächerlich machen. Und wir lernen, andere mehr einzuschließen, ohne unsere Identität oder unsere Prinzipien aufzugeben.

Ich erinnere mich, wie merkwürdig ich es fand, als ich die ersten Schaffnerinnen in italienischen Zügen sah. Nun finde ich es merkwürdig, eigentlich fast unglaublich, dass es einmal so gewesen ist. Frauen haben die Arbeitswelt im Sturm erobert, sie haben bewiesen, dass sie ihrem Beruf nachgehen können, und werden auch nicht wieder aus dem Reich der Arbeit verschwinden. Für mich gibt es keinen Zweifel, dass die Zahl der Männer, die Frauen als ihnen intellektuell ebenbürtig und bei der Arbeit gleichwertig ansehen, sehr viel höher ist als noch vor ein, zwei Generationen.

Sein Vater hatte große Achtung und Liebe für Frauen gehabt, hatte sich verzweifelt Töchter gewünscht, war der Meinung gewesen, dass Frauen alles konnten, bis auf das, was größte physische Kraft erforderte und Männer tun konnten. Er hatte sie als zivilisierenden Einfluss gesehen, ohne deren besondere Empfindsamkeit und ohne deren Mitleid die Welt ein grässlicherer Ort gewesen wäre.

P. D. James

Ich habe auch wenig Zweifel, dass unsere Gesellschaft höhere Maßstäbe im Umgang mit ihren jüngeren Mitgliedern setzt. Eine beeindruckende Vielfalt an Mitteln wird eingesetzt, um unsere Jungen und Jüngsten intellektuell und emotional zu fördern. Das Endergebnis ist nicht immer befriedigend, aber die Absicht meistens gut.

Im Allgemeinen genießen Patienten heute nie da gewesenen Respekt. Ärzte sind bessere Zuhörer geworden und haben keine Angst mehr davor, freundlich zu sein. Sie versorgen ihre Patienten mit einer Fülle von Informationen über ihren Zustand und ihre Krankheit. Dies hilft den Kranken, die zur Verfügung stehenden therapeutischen Mittel mit mehr Selbstvertrauen für sich zu wählen. Die Figur des brüsken Despoten in Weiß, so verbreitet im Europa meiner Jugend, ist im wörtlichen Sinne eine aussterbende Spezies. Noch immer ein Problem ist jedoch der Arzt, der nichts sagt, nicht zuhört und aus Gründen der Kosten- und Zeitersparnis seine Arbeit routinemäßig erledigt. Und schließlich, wie ich schon in Regel 24 festgehalten habe, sind wir heute fürsorglichere und liebevollere Verwalter von Umwelt und Tieren.

Was zu tun bleibt

Am Ende des 20. Jahrhunderts rief der Zustand der Höflichkeit in der Gesellschaft außergewöhnliches öffentliches Interesse hervor. Die Medien schenkten dem wahrnehmbaren Verfall der Umgangsformen große Beachtung. Ich bezweifle, dass es jemals eine Zeit gegeben hat, in der so viele höflichkeitsbezogene und gesellschaftsorientierte Vorstöße unternommen wurden und gedeihen konnten, unter ihnen die *Penn National Commission on Society* und das Studienprojekt zur Höflichkeit der Johns-Hopkins-Universität. Aber auch Hunderte von anderen Komitees, Studien, Kursen und Workshops über Höflichkeit schossen im ganzen Land aus dem Boden. Webseiten zu Höflichkeit wurden immer populärer.

Obwohl es sich nicht leugnen lässt, dass Amerika in den letzten Jahren eine Verrohung zwischenmenschlicher Beziehungen erlebt hat (zumindest von einem bestimmten Standpunkt aus betrachtet), konnte man auch das Bestreben feststellen, mehr Respekt, Anstand, Rücksichtnahme und Liebenswürdigkeit in den Alltag einzuflechten. Natürlich wurden die beiden Phänomene miteinander in Zusammenhang gebracht. Das letztere war sicher teilweise eine Folge des ersteren. Der Eifer bei den Initiativen in Sachen Höflichkeit scheint nicht nachgelassen zu haben, sie wurden sowohl in öffentlichen und privaten Grundschulen und höheren Schulen sowie in Colleges als auch in Unternehmen, Kliniken und in der Rechtspflege, in religiösen Gemeinden und Gemeindezentren weitergeführt. Es ist der Mühe wert, ihre dringende Notwendigkeit zeigt sich in den zunehmend komplexeren Gemeinschaften, in denen wir leben.

Heute ist die Gefahr von interkulturellen Missverständnissen und Konflikten ständig gegeben. Je höflicher die Mitglieder einer Gesellschaft sind, desto geringer wird diese Gefahr. Respekt vor dieser Komplexität ist ebenso Teil des kognitiven und emotionalen Rüstzeugs des höflichen Menschen wie die Fähigkeit, diese Komplexität im Namen einer allgemeinen Menschlichkeit zu transzendieren. Wird die nächste Generation in der Lage sein, diese beiden moralischen Fähigkeiten zu erlernen und auszuüben? Nichts Geringeres als unsere Zukunft steht auf dem Spiel.

Wütend umkämpfte Parkplätze, Handys, die überall klingeln, peinigendes Gedröhne aus Ghettoblastern mitten in der Nacht, beleidigende anonyme Messages im Internet, Salven von rassistischen oder schwulenfeindlichen Beschimpfungen in den Straßen und außer Kontrolle geratenes Schikanieren an den Schulen; lautstarke Mitreisende in Flugzeugen; narzisstische Kollegen, brüllende Vorgesetzte; drängende Kunden in den Läden, säuerliches Verkaufspersonal; Abfall verstreuende Camper; grundlos hupende Autofahrer; unbeaufsichtigte kleine Kinder, die den Frieden auf öffentlichen Plätzen stören; dominante, gestresste und giftige Ehepartner und eigennützige Freunde: Am Ende des 20. Jahrhunderts wurde uns bewusst, dass Unhöflichkeit ein Zustand war, der nicht länger ignoriert werden konnte. Wir stellten den Zusammenhang zwischen Unhöflichkeit und einer verminderten Lebensqualität her. Jetzt ist es unsere Aufgabe, vermehrt eine Öffentlichkeit zu schaffen und gemeinsame Anstrengungen zu unternehmen, um die Veränderungen, für die so viele bereit sind, in die Wege zu leiten.

Ich schlage vor, dass wir Wege suchen, um

- die Lebensbedingungen und -aussichten der Armen und Rechtlosen zu verbessern.
- erneut zu entdecken, dass das Lehren von Höflichkeit und gutem Benehmen ein unschätzbares Werkzeug ist, die Lebensqualität aller zu verbessern.
- Gelegenheiten zu schaffen, die Beziehungen unter den Mitgliedern unserer Gemeinden zu fördern und damit dem Trend zu immer größerer Anonymität entgegenzuwirken; oder, mit anderen Worten, unsere Gesellschaft neu zu beleben.
- den Stress im Alltag, besonders am Arbeitsplatz, zu vermindern.

Eines der wichtigsten Dinge in unserem Leben ist die Interaktion mit anderen Menschen. Sollte nicht deren Qualitätssteigerung ganz oben auf unserer Agenda stehen? Höflich im Alltag zu sein ist eine altbewährte Art und Weise, eine solche Steigerung zu bewirken. Eine bessere Qualität menschlicher Beziehungen sorgt für ein besseres Leben – ein gesünderes, sinnvolleres und glücklicheres Leben. Es ist wirklich so einfach. Alles, was wir tun müssen, ist innehalten, darüber nachdenken und dann handeln. Je eher, desto besser.

Ich fuhr an einem regnerischen Tag im Zug. Der Zug wurde langsamer, um in den Bahnhof einzufahren. Aus irgendeinem Grund fesselten mich die Regentropfen auf der Fensterscheibe. Zwei einzelne Tropfen, vom Fahrtwind getrieben, die für einen Augenblick zu einem verschmolzen und sich dann wieder trennten – jeder einen Teil des anderen mit sich nehmend. Dank dieser kurzen Berührung war keiner mehr, was er vorher war. Als beide weitertrieben und andere Regentropfen berührten, gaben sie nicht nur sich selbst weiter, sondern auch das, was sie vom anderen mitgenommen hatten. Diese viele Jahre zurückliegende Metapher ist eine meiner lebhaftesten Erinnerungen. Mir wurde damals klar, dass wir niemanden – und sei es auch noch so zart – berühren können, ohne eine Spur zu hinterlassen. Unser eigener Zustand betrifft alle um uns herum, und daher muss uns bewusst werden, was wir so unbeabsichtigt teilen, damit wir lernen, was wir mit Absicht teilen wollen.[1]

Ich habe diese Worte von Peggy Tabor Millin oft gelesen, aber das Bild von den verschmelzenden und sich wieder teilenden Regentropfen fasziniert mich stets von neuem. Was für eine lebendige und eindrückliche Art, eine einfache und doch großartige Wahrheit in Worte zu kleiden: «Mir wurde damals klar, dass wir niemanden – und sei es auch noch so zart – berühren können, ohne eine Spur zu hinterlassen.» Millins Worte sind ein leises, beharrliches Flüstern in meinem Hinterkopf – das sanfte Flüstern einer ewigen Wahrheit. Was ist Höflichkeit anderes als sich ständig bewusst zu machen, dass keine Begegnung ohne Konsequenzen bleibt? Und was ist sie anderes, wenn nicht die Absicht, das Beste in uns mit anderen zu teilen? Immer wieder zu teilen, und die Welt damit heiterer zu machen.

Anmerkungen

Teil I

Leben und Beziehungen

1 In: Peter Gadol, *The Long Rain*. New York 1998, S. 259 (Deutschsprachige Ausgabe: Peter Gadol. *Der lange Regen*. Aus dem Amerikanischen von Hans M. Herzog. München: Goldmann, 1999).

2 In: M. Scott Peck, *Ein wunderbarer Weg. Eine neue Psychologie der Liebe und des spirituellen Wachstums*. Aus dem Amerikanischen von Elke vom Scheidt. München: Goldmann, 1988, S. 15.

3 Ebenda.

Respekt im Alltag

1 Dieses Prinzip beinhaltet nach Errol E. Harris Folgendes: «Erstens sollte jeder Mensch der sympathischen Rücksichtnahme für wert befunden und auch so behandelt werden … Zweitens sollte kein Mensch von einem anderen als bloßer Besitz betrachtet oder für seine Zwecke instrumentalisiert werden noch als ein Hindernis bei der eigenen Befriedigung betrachtet werden … Drittens sind Menschen niemals überflüssig und sollten auch nicht so behandelt werden.» Siehe. Errol E. Harris, «Respect for Persons», in: *Ethics and Society: Original Essays on Contemporary Moral Problems*, herausgegeben von Richard T. De George. London: Macmillan, 1968, S. 13.

2 Ein fundierter Beitrag zu Empathie ist das Buch von Arthur P. Ciaramicoli und Katherine Ketcham, *Der Empathie-Faktor*. Aus dem Amerikanischen von Elfriede Peschel. München: dtv, 2001.

Wie wir zu lieben lernen

1 In: Sigmund Freud, *Abriss der Psychoanalyse. Das Unbehagen in der Kultur*. Frankfurt/Main: Fischer Taschenbuch, 1984, S. 74.

2 In: Rebecca Wells, *Die göttlichen Geheimnisse der Ya-Ya-Schwestern*. Aus dem Amerikanischen von Renate Reinhold. München: Goldmann, 1999, S. 37.

Höflichkeit und Selbstdarstellung

1 Zum Unterschied zwischen Glück und Spaß, siehe: Dennis Prager, *Happiness Is a Serious Problem: A Human Nature Repair Manual.* New York: HarperCollins, Regan Books, 1998, Kapitel 11.

Die Netten ziehen immer den Kürzeren – oder etwa nicht?

1 E. M. Forster, «What I believe?», in: *Two Cheers for Democracy.* New York: Harcourt Brace, S. 73.

Die Wissenschaft der Liebe und des sozialen Rückhalts

1 Detaillierte Beschreibungen dieser Studien finden sich in Dean Ornish, *Heilen mit Liebe. Krankheiten ohne Medikamente überwinden.* Aus dem Amerikanischen von Beate Gorman. (München: Mosaik bei Goldmann, 1999, S. 34ff.) und in Janice K. Kiecolt-Glaser u. a., «Marital Discord and Immunity in Males» (*Psychosomatic Medicine* (1989) 50, S. 213–229). Zum Zusammenhang zwischen Beziehungen und Gesundheit siehe auch Brent Q. Hafen u. a., *Mind/Body Health: The Effect of Attitudes, Emotions and Relationships* (Needham Heights: Allyn & Bacon 1996), Henry Dreher, *The Immune Power Personality: Seven Traits You Can Develop to Stay Healthy* (New York: Plume, 1960) und James J. Lynch, *The Broken Heart: The Medical Consequences of Loneliness* (New York: Basic Books, 1977).

Teil II

1. Seien Sie aufmerksam

1 Diese glänzende Definition stammt von Joshua Halberstam: *Everyday Ethics: Inspired Solutions to Real-Life Dilemmas.* New York: Penguin, 1994, S. 96.

3. Denken Sie das Beste

1 Hebräer 13,2 (deutsch von Martin Luther).

4. Hören Sie zu

1 In: Vivian Gussin Paley, *The Kindness of Children.* Cambridge, MA: Harvard University Press, 1999, S. 63f.

2 Die folgende Passage illustriert den Unterschied zwischen offenen und geschlossenen Fragen:

Nehmen wir an, Joel kommt zu spät zu einer Sitzung. «Wir hatten letzte Woche eine kleine Unstimmigkeit», sage ich. «Kann es sein, dass Sie wütend auf mich sind und zu unserer Sitzung zu spät kommen, um mich spüren zu lassen, wie Sie empfinden?» Das ist eine geschlossene Frage, denn ich habe bereits meine Schlüsse gezogen (Joel ist wütend auf mich). Ich benutze die Frage, damit der Patient meiner Interpretation zustimmt.

Hier nur ein Beispiel einer offenen Frage, die ich stattdessen hätte stellen können. «Mir ist aufgefallen, dass Sie die letzten beiden Sitzungen zu spät gekommen sind, Joel – könnte das etwas zu bedeuten haben, worüber wir noch nicht gesprochen haben?» Diese Frage lässt die Antwort offen im Raum stehen. Ich bin wirklich um Information bemüht und bitte den Patienten mir mehr zu erzählen.

In: Arthur P. Ciaramicoli und Katherine Ketcham, *Der Empathie-Faktor.* Aus dem Amerikanischen von Elfriede Peschel, München 2001, S. 66.

7. Äußern Sie sich nicht negativ

1 Siehe Reed Abelson, «By the Water Cooler in Cyberspace, the Talk Turns Ugly», in: *New York Times*, 29. April 2001.

8. Nehmen Sie Lob an und loben Sie andere

1 In: Glenn Van Ekeren, *Twelve Simple Secrets of Happiness: Finding Joy in Everyday Relationships.* Englewood cliffs, NJ: Prentice Hall, 2000, Seite 189f.

9. Respektieren Sie auch ein leises Nein

1 ABC News Manners Express Poll, Mai 1999 (Computerdatei), ICPSR-Version, produziert von Chilton Research Services, Horcham, Penn. 1999 (im Vertrieb von Inter-University Consortium for Political and Social Research, Ann Arbor, Mich. 1999).

11. Achten Sie auf Ihren Körper

1 Denken Sie jedoch daran, dass in einigen Teilen der Welt Geräusche beim Essen erwartet werden. Sie sind Zeichen dafür, dass das Essen schmeckt. Siehe auch: Nadine Dresser, *Multicultural Manners: New*

Rules of Etiquette for a Changing Society, New York: John Wiley & Suns, 1996, S. 74–75.

12. Seien Sie entgegenkommend

1 Aus einem Brief Jeffersons an James Madison am 30. Januar/5. Februar 1787. In: James Morton Smith (Hg.), *The Republic of Letters: The Correspondence Between Thomas Jefferson and James Madison 1776–1826*, Band 1. New York: Norton, 1995, S. 461.

13. Dämpfen Sie die Lautstärke (und entdecken Sie die Stille wieder)

1 Radiointerview vom 24. April 2001 mit Diane Rehm, WAMU, Washington, D.C. Ich habe das Motto und die Aufgabe des *Noise Pollution Clearinghouse* auf der zugehörigen Webseite gefunden: www.nonoise.org. (Die Webseite ist in englischer Sprache). Das letzte Zitat stammt aus einem Artikel Blombergs mit dem Titel «Noise, Sovereignty and Civility», der in der Online-Bibliothek auf dieser Webseite eingesehen werden kann. Die Webseite bietet ausgezeichnete Vorschläge zum Umgang mit der Lärmverschmutzung unter Nachbarn. Sie finden eine Fülle von Vorschlägen, wie Sie den Lärm auf das Minimum begrenzen können, zum Beispiel: «Vertrauen Sie auf lautlose Alarme und Sicherungen, um Fahrzeuge vor Diebstahl zu schützen.» – «Wenn Sie Ihr Handy benutzen, suchen Sie einen stillen Ort auf, wo Sie andere nicht stören.» – «Legen Sie viel begangene Räume und Flure mit Teppichen aus, wenn Sie Wände, Böden oder Decken mit anderen teilen.»

15. Respektieren Sie die Sphäre anderer Menschen

1 Eine Studie von Prof. Christine Pearson, vormals University of North Carolina, gibt uns eine Vorstellung von den Kosten, die Unhöflichkeit am Arbeitsplatz verursachen kann. 775 Arbeiter wurden über grobe und unhöfliche Handlungen befragt, denen sie ausgesetzt waren. Die fraglichen Handlungen waren nichtkörperliche Verletzungen der Normen von gegenseitigem Respekt. Sie beinhalteten: das Schreiben einer erniedrigenden Nachricht, das Anschreien eines Kollegen und die öffentliche Unterminierung der Glaubwürdigkeit eines Kollegen. 28 % der Opfer gaben an, dass sie Arbeitszeit verloren hätten, um den Täter zu meiden; 52 % verloren Arbeitszeit, weil der Vorfall sie weiterhin beschäftigte; 37 % fühlten sich dadurch dem Unternehmen weit weniger verbunden; 22 % setzten sich weniger für ihre

Arbeit ein; 10 % verringerten die Zeit, die sie bei der Arbeit verbrachten; 46 % dachten darüber nach, den Arbeitsplatz zu wechseln, um den Täter zu meiden; und 12 % wechselten tatsächlich die Stelle, um den Täter zu meiden. («Workplace Incivility is Costly KFBS Study Says», www.kenan-flagler@unc.edu, 1999) Wir mögen es einfach finden, höfliches Verhalten als den Unterschied zwischen richtig und falsch zu betrachten, in dem Wissen, dass Respekt vor dem anderen von uns allen grundsätzlich erwartet wird. Alles, was jedoch das Geschäftsergebnis beeinflusst, gebietet sofortiges Handeln. Grobe Verletzungen von Anstand bringen hohe Kosten mit sich, dies entdecken wir langsam. Wird das den Unterschied ausmachen?

17. Behaupten Sie sich

1 In: Ruth Rendell, *Die Herzensgabe*. Aus dem Englischen von Cornelia C. Walter. München: Goldmann, 2001, S. 134f.

2 Robert Bolton präsentiert in seinem exzellenten Buch in Kapitel 9 eloquent die drei Elemente. Robert Bolton, *People Skills: How to Assert Yourself, Listen to Others, and Resolve Conflict*. New York: Simon & Schuster, Touchstone, 1986, S. 139–157 (siehe auch Kapitel 10 und 11, S. 158–202).

3 «Diese Strategie ist hilfreich im Umgang mit sehr aggressiven oder manipulativen Menschen, die ein Nein nicht akzeptieren können. Für extrem unterwürfige Menschen, die schnell einmal von Druckern Dinge kaufen, die sie eigentlich nicht brauchen, ist diese Methode hilfreich. Sie ist aber auch hilfreich bei Menschen vom entgegengesetzten Ende des Spektrums, eben sehr aggressiven Menschen, die dazu neigen, die Kontrolle über sich zu verlieren und verbal und physisch ausfallend zu werden. Die ‹Sprung in der Platte›-Methode kann bei fortdauernder vollständiger Selbstkontrolle zu hundertprozentigem Erfolg führen.» Robert Bolton, *People Skills*, S. 197.

4 In: Henry Dreher, *The Immune Power Personality: Seven Traits You Can Develop to Stay Healthy*. New York: Plume, Penguin, 1996, S. 210 (siehe auch Kapitel 5).

18. Vermeiden Sie persönliche Fragen

1 Judith Martin: *Miss Manners Rescues Civilization from Sexual Harassment, Frivolous Lawsuits, Dissing and Other Lapses in Civility*. New York: Crown, 1996, S. 11f.

2 Vgl. Jordan Lite, «Please Ask Me Who, Not ‹What›, I am», in: *Newsweek*, 16. Juli 2001, S. 9.

19. Sorgen Sie für Ihre Gäste

1 In: Anthelme Brillat-Savarin, *The Physiology of Taste*. Harmondsworth: Penguin, 1994, S. 14.

2 In: Dwight Currie, *How We Behave at the Feast: Reflections on Living in an Age of Plenty.* New York: HarperCollins: Cliff Street Books, 2000, S. 16f.

20. Seien Sie ein rücksichtsvoller Gast

1 In: Jane Austen, *Emma*. Aus dem Englischen von Ilse Leisi. Zürich: Manesse, 1981, S. 122.

22. Beklagen Sie sich nicht unnötig

1 Die Forschung hat in den vergangenen Jahren bewiesen, dass Optimismus gut tut. Das folgende Zitat zeigt die Vorteile einer optimistischen Haltung auf:

Der Optimist erlebt ebenso viele Niederlagen und Tragödien wie der Pessimist, aber er bewältigt sie besser. Wie wir dargestellt haben, rappelt sich der Optimist nach einem Misserfolg wieder auf, akzeptiert die erlittenen Verluste und beginnt noch einmal von vorn. Der Pessimist gibt auf und versinkt in Depression. Aufgrund seiner Widerstandskraft erreicht der Optimist bei der Arbeit, in der Schule und auf dem Sportplatz mehr. Er ist körperlich gesünder und lebt möglicherweise auch länger.

In: Martin Seligman, *Pessimisten küsst man nicht. Optimismus kann man lernen*. Aus dem Amerikanischen von Christa Boermann. München: Knaur, 2001, S. 321.

2 In: Ralph Waldo Emerson, *The Conduct of Life*, Band 6, Boston: Houghton Mifflin, 1888, S. 188.

24. Respektieren Sie die Umwelt und seien Sie gut zu Tieren

1 Vgl. Amitai Etzioni, *Die Verantwortungsgesellschaft. Individualismus und Moral in der heutigen Demokratie*. Aus dem Amerikanischen von Christoph Münz. Berlin: Ullstein, 1999, S. 125f.

25. Schieben Sie keine Verantwortung oder Schuld ab

1 In: Dante Alighieri, *Die Göttliche Komödie*. Italienisch und Deutsch. Aus dem Italienischen von Hans Gmelin, Stuttgart: Ernst Klett, 1949, S. 399.

TEIL III

Durch die Form hindurch auf den Kern zielen

1 In: Alexis de Tocqueville, *Über die Demokratie in Amerika*, Zweiter Teil von 1840. Aus dem Französischen von Hans Zbinden. Zürich: Manesse, 1987, S. 11.

2 Ebenda, S. 13.

Der Drang, etwas zu erreichen

1 Vgl. Chris Lee, «An Epidemic of Coarse and Obnoxious Behavior is in Full Swing. Is There Anything to Be Done?», in: *Training*, Juli 1999, S. 28.

Was zu tun bleibt

1 Peggy Tabor Millin, *Mary's Way*. Berkeley, CA: Celestial Arts, 1991.

Danksagung

Obwohl dies kein umfangreiches Buch ist, habe ich mehrere Jahre, oft mit höchster Intensität, daran gearbeitet. Mein erster Dank gilt meinen Kollegen, Studenten und Freunden, die mir Geduld und Verständnis schenkten. Über die Jahre kümmerten sich verschiedene hingebungsvolle Assistenten um das Archiv zur Höflichkeit an der Johns-Hopkins-Universität. Außenstehende, Kollegen und Freunde diskutierten mit mir über Höflichkeit und Anstand, erzählten mir ihre Anekdoten und machten mir Mut zu diesem Buch. Es sind zu viele, um sie einzeln zu erwähnen, doch jedem von ihnen gilt mein aufrichtiger Dank.

An der Universität war Präsident William Brody ein überzeugter Anhänger meiner Vorstöße in Sachen Höflichkeit, ebenso wie Dekan Gary Ostrander. Spezialisten in Sachen Informationstechnologien, Dean Snyder und Macie Hell, haben Tag für Tag bewiesen, wie unersetzlich sie für die Universität sind. In jeder Phase genoss ich die Dienste unserer Bibliothek und des Buchladens auf dem Campus. John und Meme Irwin und auch Dr. Daniel McLeod halfen in schwieriger Zeit.

Lisa Di Mona gab den Anstoß und glaubte stets an mich. Ich fühle mich geehrt, durch sie und ihre Partner bei Lark Productions vertreten zu werden. Bei St. Martin's Press war es Vizepräsident und Cheflektor George Witte, der von Anfang an an das Buch glaubte. Ganz Profi, machte Maria Estrada mir alles einfach. Meine Freunde in Italien sind eine ständige Quelle der Vernunft. *Grazie* euch allen, meine Freunde. Meinen tiefsten Dank schulde ich Virginia, deren Liebe, moralische Unterstützung und Intelligenz einen andauernden positiven Einfluss auf mein Leben haben. Ihr und allen, deren Liebe und Zuneigung mich in all diesen Jahren angetrieben haben, ein höflicherer Mensch zu werden, widme ich dieses Buch.

Anmerkung zur deutschen Übersetzung
Mein herzlicher Dank gilt Sabine Dörlemann für ihre Übersetzung sowie Irina Mamula und Prof. Georg Luck für deren Redaktion.

Literaturempfehlungen

Bolton, Robert. *People Skills How to Assert Yourself. Listen in Others, and Resolve Conflict*. New York: Simon & Schuster, Touchstone, 1986.

Caldwell, Mark. *A Short History of Rudeness: Manners, Morals, and Misbehavior in Modern America*. New York: St. Martin's Press, Picador, 1999.

Carter, Stephen L. *Civility: Manners, Morals, and the Etiquette of Democracy*. New York: Basic Books, 1998.

Ciaramicoli, Arthur P. und Katherine Ketcham. *Der Empathie-Faktor*. Aus dem Amerikanischen von Elfriede Peschel. München: dtv, 2001.

Dreher, Henry. *The Immune Power Personality: Seven Traits You Can Develope to Stay Healthy*. New York: Plume, Penguin, 1996.

Gallant, Janet. *Simple Courtesies: How to Be a Kind Person in a Rude World*. Pleasantville, NY: Reader's Digest, 1988.

Goleman, Daniel. *Emotionale Intelligenz*. Aus dem Amerikanischen von Friedrich Griese. München: dtv, 2001.

Hallowell, Edward M. *Connect*. New York: Pantheon, 1999.

McCullough, Donald. *Say Please, Say Thank You: The Respect We Owe One Another*. New York: G.P. Putnam's Sons, 1998.

Martin, Judith. *Miss Manners Rescues Civilization from Sexual Harassment, Frivolous Lawsuits, Dissing, and Other Lapses in Civility*. New York: Crown, 1996.

Peck, M. Scott. *Der wunderbare Weg. Eine neue Psychologie der Liebe und des spirituellen Wachstums*. Aus dem Amerikanischen von Elke vom Scheidt. München: Goldmann, 1988.

Rouner, Leroy S., Ed. *12 Simple Secrets of Happiness: Finding Joy in Everyday Relationships*. Englewood Cliffs, NJ: Prentice Hall, 2000.

Williams, Lena. *It's the Little Things: The Everyday Interactions that Get Under the Skin of Blacks and Whites*. New York: Harcourt, 2000.

Besuchen Sie die Website des Autos *(www.jhu.edu/civility)* oder schreiben Sie ihm eine E-Mail *(forni@jhu.edu)*.